CHUANGYE DAOXIANG YU ZUZHI JIXIAO DE
SHUANGYUAN NENGLI ZHUANHUA LUJING YANJIU

国家自然科学基金（70972145）
基于双元能力构建的公司创业导向与组织绩效转化路径研究
教育部人文社科研究项目（08JC630046）
基于创业导向战略的企业SHRM匹配与绩效关系研究
江苏高校优势学科建设工程项目“审计科学与技术”资助

李乾文 著

创业导向与组织绩效的双元能力转化路径研究

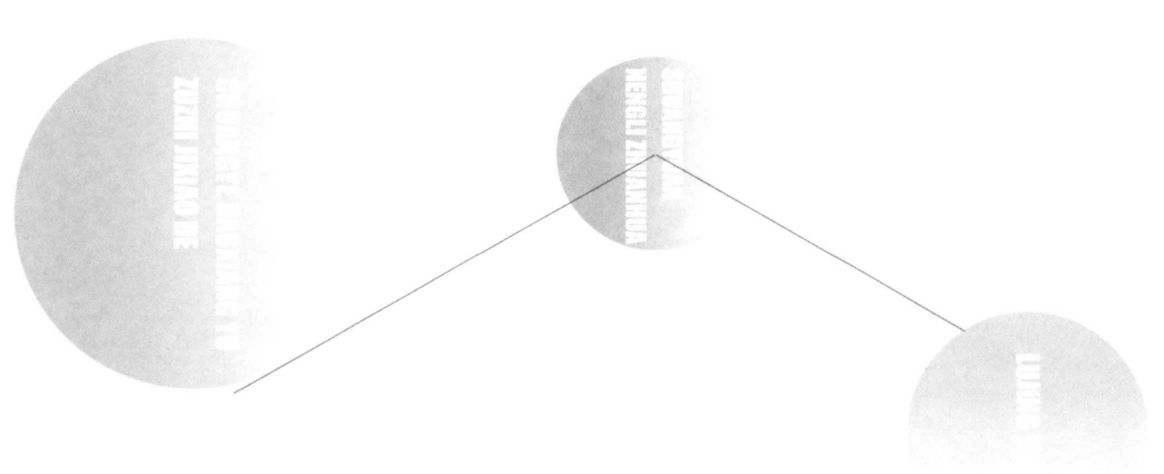

图书在版编目（CIP）数据

创业导向与组织绩效的双元能力转化路径研究/李乾文著．—北京：经济科学出版社，2012.11
ISBN 978－7－5141－2689－1

Ⅰ.①创…　Ⅱ.①李…　Ⅲ.①企业管理－研究
Ⅳ.①F270

中国版本图书馆 CIP 数据核字（2012）第 271961 号

责任编辑：李　雪
责任校对：苏小昭
版式设计：代小卫
责任印制：邱　天

创业导向与组织绩效的双元能力转化路径研究
李乾文　著
经济科学出版社出版、发行　新华书店经销
社址：北京市海淀区阜成路甲 28 号　邮编：100142
总编部电话：88191217　发行部电话：88191537
网址：www.esp.com.cn
电子邮件：esp@esp.com.cn
北京季蜂有限公司印装
710×1000　16 开　12.75 印张　190000 字
2012 年 11 月第 1 版　2012 年 11 月第 1 次印刷
ISBN 978－7－5141－2689－1　定价：45.00 元
（图书出现印装问题，本社负责调换。电话：88191502）

前　　言

在中国经济总量已成为世界第二的今天，企业如何发挥创业创新精神，通过再创业战略保持持续竞争优势成为中国企业共同思考的问题。世界经济的持续低迷也引发了大量关于在世界经济转型期如何通过再创业保持经济持续增长的思索。

公司创业导向战略就是此方面的学术思考，创新性、承担风险性和超前行动性是具有创业精神的企业所具备的共同特征，但光具有这些特征是不够的，具有这些特征的企业仍然会面临失败，学者们慢慢地开始从组织能力去思考这些问题，“维持与创新”是周三多教授和陈传明教授1989年就提出的管理行动命题，美国学者21世纪对于“双元型组织（ambidexterity organization）”的持续研究具有异曲同工之妙。但对这样命题的研究又是异常艰难的，因为这样的研究非常复杂，它不仅是微观的企业主体研究，也是网络背景下的群体研究；既需要一个时间的时点现象研究，也需要一段时间的时期研究；既受某一行业的影响，甚至也会因为商业模式的转型横跨多个行业的研究。总之，探索与利用、维持与创新这些双元型的命题非常有意义，但又是需要长期研究的命题，目前只是刚刚揭开一点面纱，需要众多研究学者的参与，也有赖于研究方法的创新。

本书基于对于公司创业导向研究和组织双元能力的积累，试图探索从公司创业导向战略转化为组织绩效的重要转化路径，那就是除了结构型双元和情景型双元之外的第三条路径——人力资源管理以及高管团队的双元型问题，没有人力资源管理和高管团队的双元型，维持与创新将无法实现。

本书的绪论部分主要介绍了研究的背景、研究的目的与意义等，主要阐述了研究的理论框架，这一理论框架始于公司创业导向的研究，中间是组织双元能力的理论与构建，结束于组织绩效的提升。还包括这一链条的前置因素——高管团队的社会网络构建等。其中的一些理论变量在先前的理论研究中已有涉及，本书只能在整个理论框架中提供自己的少许贡献。

本书的文献回顾部分分别对公司创业导向和双元能力的国内外近五年研究现状进行了评述，特别是对《创业理论与实践（Entrepreneurship Theory and Practice)》的公司创业导向研究特刊和《组织科学（Organization Science)》双元型组织特刊进行了评述，重点对两大领域涉及的理论视角进行了评述，借以探查两大领域研究的前瞻问题，对两大领域的关联进行系统的文献研究。

本书的理论框架构建站在已有公司创业导向和双元型组织研究的基础上，特别是在结构型双元和情景型双元研究的基础上，提出了人力资源管理胜任力和高管团队在双元型组织构建中的作用两大研究任务，并借以构建起相关的研究命题。

本书的实证研究部分分别借助于典型案例剖析和392份有效样本，通过三组研究子模型实证了理论框架基础上所构建的研究假设，综合采用了方差分析、聚类分析、层级回归分析、中介效应分析等方法。本书主要采用的研究范式是组织构造理论（Configuration Theory）范式，认为不同要素的结合效果要大于单一要素的效果，同时也更符合创业活动的复杂实践。研究方法是理论综述与实证研究，包括多案例的综合研究方法。

本书的重要结论包括：

第一，高管团队的社会网络构建对于企业绩效有着重要的影响。

第二，公司创业在高管团队社会网络和企业绩效间起着重要的资源整合作用。

第三，探索能力和利用能力在不同企业具有不同的形态，不同形态的双元能力组合与不同的企业绩效相关。

第四，探索能力与利用能力同时具备的双元能力只是解决探索活动与利用活动管理悖论的解决路径之一，存在殊途同归的多种等效路径。

第五，不同形态的双元能力组合对应着不同的人力资源胜任力组合。

第六，不同形态的双元能力组合对应着不同的创新导向型领导行为。

本书的理论贡献在于从理论上构建起和实证了人力资源胜任力、高管团队的社会网络、创新导向的领导行为在双元型组织构建中的重要作用与机理，高管团队的社会网络起着重要的前置影响因素，公司创业起着重要的资源整合作用，不同的人力资源胜任力和创新导向型领导行为会对应着不同的双元能力形态组合，“高探索－高利用”的双高型组织形态是理想的形态，但现实中的企业往往处于次优的状态中，从“双低模式”、“一高一低模式”或“一高一低模式”向“双高模式”的发展演变，往往需要人力资源胜任力的提升和创新导向型领导行为的培育。

由于研究问题的复杂性，本书对总体模型采取了分解为三个子模型的分析方法，虽然有利于对相关问题的分析逻辑，但为从总体上的把握带来了障碍；绪论中提出的研究模型较为庞大，本书的研究只是阶段性的成果，期望在人力资源胜任力、高管团队的社会网络构建和创新导向型领导行为上对“公司创业导向战略——双元能力——组织绩效”的理论链条有所贡献，未来的研究问题仍然充满魅力。

由于作者能力所限，本书定有许多不足，希望同行和读者能提出宝贵意见，以利于未来的深入研究与交流。

作者

2012 年 11 月

目　　录

第1章　绪论 …… 1
1.1　研究背景 …… 1
1.2　研究内容 …… 5
1.3　研究思路 …… 6
1.3.1　公司创业导向的已有研究 …… 7
1.3.2　双元能力的已有研究 …… 8
1.4　研究方法 …… 9
1.4.1　组织构造理论的来源 …… 9
1.4.2　组织构造理论的基本观点 …… 12
1.4.3　基于组织构造理论基础上的分析方法比较 …… 13
1.4.3.1　调节效应模型（moderation model） …… 13
1.4.3.2　中介效应模型（mediation model） …… 14
1.4.3.3　适配模型（matching model） …… 14
1.4.3.4　共变量模型（co-variation model） …… 14
1.4.3.5　形态差异模型（profile deviation model） …… 14
1.4.3.6　构造模型（configuration model） …… 15
1.5　本书结构安排 …… 16

第2章　公司创业导向的研究进展 …… 18
2.1　公司创业导向超前行动维度的研究进展 …… 18
2.1.1　超前行动的实质 …… 21

2.1.2 超前行动与被动反应在企业战略中的连续体 …… 24
2.1.3 网络时代的超前行动战略必要性分析 …… 27
2.1.4 国内外关于超前行动研究评述 …… 28
2.1.4.1 超前行动战略的一般行为 …… 28
2.1.4.2 超前行动战略的前因或权变影响因素 …… 29
2.1.4.3 超前行动战略的组织层面产出 …… 30
2.2 公司创业导向的理论基础 …… 31
2.3 公司创业导向的重要研究进展 …… 32
2.3.1 创业导向的重要研究前提假设——从“创业导向作为优势”到“创业导向作为试验” …… 33
2.3.2 创业导向的重要研究模型——双元模型和周期波动模型 …… 34
2.4 中国背景下的创业导向研究 …… 35
2.4.1 国家自然基金的近5年立项课题（2008～2012年） …… 35
2.4.2 中国知网的近5年重要创业导向相关的论文（2008～2012年） …… 36

第3章 双元能力的研究进展 …… 41
3.1 双元能力的研究意义 …… 41
3.2 双元能力的理论基础 …… 45
3.2.1 组织生态演化理论 …… 45
3.2.2 组织学习理论 …… 46
3.2.3 动态能力理论 …… 47
3.3 双元能力的最新经典文献评述 …… 50
3.3.1 国外关于双元能力的研究路径探索 …… 50
3.3.1.1 组织需要通过差异化还是整合实现双元化？ …… 50
3.3.1.2 双元型发生在个体层面或是组织层面？ …… 51
3.3.1.3 双元型内部产生，或是需要必须外部化的过程？ …… 52

3.3.2 强调管理层面双元能力的重要性…… 53
3.3.2.1 管理者的双元型 …… 53
3.3.2.2 首席执行官（CEO）的社会资本与双元型组织 …… 55
3.3.2.3 管理团队双元型的重要性 …… 58
3.3.2.4 双元型与环境动态性的关联 …… 63
3.3.3 中国学者对于双元能力的研究进展…… 64

第4章 理论框架构建 …… 67
4.1 人力资源管理系统支持公司创业的内在机制与模型探析…… 67
4.1.1 公司创业需要人力资源管理系统支持…… 67
4.1.2 经济租理论视角的人力资源管理系统…… 69
4.1.3 动态租金视角下的人力资源管理系统支持公司创业模型…… 74
4.2 双元能力的人力资源管理系统转化路径模型构建…… 77
4.2.1 组织双元型的不同形态与人力资源管理系统的匹配…… 78
4.2.1.1 情景型双元型与人力资源管理 …… 79
4.2.1.2 结构型双元型与人力资源管理 …… 80
4.2.1.3 混合型双元型与人力资源管理 …… 83
4.2.2 人力资源管理系统作用于组织双元型的内在机理模型…… 84
4.2.2.1 内嵌式结构 …… 85
4.2.2.2 外推式结构 …… 86
4.2.3 组织双元型视角下的人力资源管理实践…… 87
4.3 高管团队的转化路径构建…… 90
4.3.1 高管团队行为整合与高管团队行为复杂性…… 91
4.3.2 高管团队行为整合如何导出高管团队行为复杂性…… 92
4.3.3 高管团队的行为复杂性和组织双元型…… 94

4.3.4 情景的调节角色 …… 95

第5章 中外案例研究 …… 98

5.1 《今日美国报》（USA Today）和视康公司（Ciba Vision）的经验案例 …… 98

5.1.1 一份彻底自我改造的报纸 …… 100

5.1.2 不断增长的新隐形眼镜业务 …… 102

5.1.3 成为双元型组织 …… 104

5.2 苏宁易购案例 …… 106

5.2.1 我国家电业电子商务发展回顾 …… 106

5.2.1.1 探索期（1999～2003年） …… 106

5.2.1.2 启动期（2004～2005年） …… 106

5.2.1.3 高速期（2006年至今） …… 107

5.2.2 苏宁易购的产生与发展 …… 109

5.2.3 苏宁易购的展望与挑战 …… 114

5.3 苏通大桥建设中的双元型理论应用 …… 117

5.4 江西移动管理创新双元型案例 …… 121

第6章 研究假设 …… 124

6.1 高管团队社会网络、公司创业与企业绩效关系研究假设 …… 124

6.1.1 高管团队的社会网络与企业绩效 …… 125

6.1.2 高管团队社会网络与公司创业 …… 126

6.1.3 公司创业在高管团队社会网络与企业绩效间的中介效应 …… 127

6.2 双元能力、人力资源胜任力与企业绩效关系研究假设 …… 128

6.2.1 双元能力与企业绩效 …… 129

6.2.2 人力资源胜任力与双元能力 …… 131

6.2.3 人力资源胜任力与企业绩效 …… 132

6.3 双元能力、创新导向型领导行为与企业绩效的关系研究 …… 134
6.3.1 创新导向型领导行为与双元能力 …… 135
6.3.2 创新导向型领导行为与企业绩效 …… 135

第7章 变量维度选择与样本选择 …… 137
7.1 变量维度选择 …… 137
7.2 样本选择 …… 139

第8章 数据分析、假设检验与结论 …… 141
8.1 研究之一：高管团队社会网络、公司创业与企业绩效 …… 141
8.1.1 相关分析 …… 141
8.1.2 层级回归分析 …… 142
8.1.3 主要结论 …… 143
8.1.3.1 高管团队的社会网络构建对于企业绩效有着重要的影响 …… 144
8.1.3.2 公司创业在高管团队社会网络和企业绩效间起着重要的资源整合作用 …… 144
8.2 研究之二：双元能力、人力资源胜任力与企业绩效关系 …… 145
8.2.1 相关分析 …… 145
8.2.2 层级回归分析 …… 146
8.2.3 聚类分析 …… 147
8.2.4 方差分析 …… 149
8.2.5 主要结论 …… 151
8.3 研究之三：双元能力、创新导向型领导行为与企业绩效 …… 153
8.3.1 相关分析 …… 153
8.3.2 层级回归分析 …… 154
8.3.3 聚类分析 …… 155

8.3.4 方差分析 …… 156
8.3.5 主要结论 …… 157

参考文献 …… 159
后记 …… 190

第 *1* 章

绪论

1.1 研究背景

150 年前达尔文就写下了生物进化论，他的逻辑同样适用于今天的组织。1959 年，美国《财富》杂志把通用汽车作为美国最大和最强的制造业公司，50 年后通用汽车却处在破产的边缘。哈默（Hamel）在他 2000 年出版的《领导变革》一书中，赞扬安然（Enron）[①] 是世界上最聪明的公司[②]，但在 2001 年却申请破产，2002 年轰然倒塌，几乎把美国资本市场毁于一

---

① 安然公司，曾是一家位于美国得克萨斯州休斯敦市的能源类公司。在 2001 年宣告破产之前，安然拥有约 21000 名雇员，是世界上最大的电力、天然气以及电讯公司之一，2000 年披露的营业额达 1010 亿美元之巨。公司连续六年被《财富》杂志评选为“美国最具创新精神公司”，然而真正使安然公司在全世界声名大噪的，却是这个拥有上千亿资产的公司 2002 年在几周内破产，持续多年精心策划乃至制度化、系统化的财务造假丑闻。安然欧洲分公司于 2001 年 11 月 30 日申请破产，美国本部于 2 日后同样申请破产保护。从那时起，“安然”已经成为公司欺诈以及堕落的象征。

② Gary Hamel, *Leading the Revolution*. Harvard Business School Press, 2000.

旦。达尔文是对的，无论对于是企业还是植物或生物而言，再强大或再聪明都无法保证企业长久生存，只有对环境的适应能力才能使企业生存下去。

对于组织研究学者而言，决定组织演变和适应的问题存在丰富而有趣的争论。一方面组织生态学家认为作为个体的组织大多数是迟缓和充满惰性的，就像细菌或鸟类，当旧的形式被新的形式所取代以适应变化了的环境时，此种重大变化只发生于组织总体层面中；另一方面，适应论者认为组织能够应对变化，高层管理者能够预见变化和重组企业资产以帮助组织生存。并且，两方面的学者都得到了一定的理论和实证支持。

这里的核心问题在于：为什么有的企业能够百年基业长青，并保持蓬勃的发展，而有的企业却在新环境下步履维艰，苦苦支撑，走到消失的边缘。企业在环境巨变面前，是束手无策，还是可以主动应变，基业长青的公司为我们提供了启示：

西门子公司的总裁在谈到公司为什么能够保持长盛不衰时，指出企业的生存和发展离不开特定的经营环境，只有那些能够及时把握时代脉搏并据此进行有效管理的公司，才能够立于不败之地。因此，在150多年的历史中，西门子始终保持着高度的柔性，不断地触发变革并成功地管理市场、技术和社会变革（Teresko，1997）。

王永贵（2003）对高绩效企业的共性进行了总结，认为随着内部与外部经营环境的变化，企业竞争的基础已经从价格和规模转移到质量，又从质量转移到速度，目前正在向柔性和价值转变，即企业柔性成为企业实现价值并获得高成长的重要保证。田新民（2007）认为企业应该将柔性视作一种战略分析和整合能力，它既可以帮助企业识别外部环境变化所带来的动态要求，又给企业系统整合内外部资源以适应环境变化提供了可能性。企业在战略上对柔性能力的追求，最终将体现在企业管理的各项职能以及过程上，比如战略、制造、采购、营销等，而如何将柔性融合到企业的这些管理职能和过程之间，使企业在复杂多变环境下，真正具有应对这些变化的动态能力，将是未来研究和实践领域内的热点问题。

虽然大的公司并不缺乏创新，但创新并不一定能带来企业的持续发展，玛奇（March，1991）总结了“创新不足”与“创新过剩”创新悖论所导致的管理问题，双元能力是目前理论界和实践界总结出的应对创新悖论之策。过分重视已有的能力，容易导致组织的核心刚性（core rigidities）和能力陷阱（competency traps）（Levitt and March，1988）。当公司的知识集合约束公司内部的创新时，就有可能出现核心刚性；过于强调创新也会导致“创新陷阱”，容易陷入无穷尽的“探索——失败——无回报变革”的恶性循环中。企业对探索活动投入了过多的资源和时间，有可能过分重视短期变化，而没有能够从探索活动中获益。

柯达公司就曾面临着这样的创新悖论，但结局并不完美：

“百年老店”柯达，正徘徊在破产的边缘。消息传来，人们忍不住唏嘘不已，毕竟无数家庭的团聚，无数老人的面容，无数女人的倩影，无数孩子的成长，都和柯达联系在一起。生于胶片，死于数码，这个一路遥遥领先的发明大王，输给了自己的“亲儿子”——正是柯达发明了全世界第一台数码相机。著名导演冯小刚不禁在微博上感叹：“一个时代翻篇了，挥之不去的是胶片留在心里的味道。”

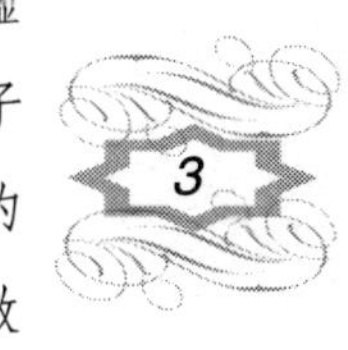

那卷放在黄色长方形方盒里的胶卷承载了几代人的记忆，甚至还出现了“柯达一刻”这个词，专门指代生命中美好的时刻。直到现在，很多人还能哼唱出柯达广告歌曲的轻快旋律：“就让每一刻，掌握在你手中，别让它溜走。”

可惜，“镌刻美好一刻”的柯达没能留住自己。柯达官方网站于2012年1月3日发布公告称，由于柯达股价连续30个交易日低于1美元，纽约证券交易所已经向其发出了退市警告。据美国《华尔街日报》报道，如果柯达公司出售数码专利的计划失败，他们已经准备好在数周内申请破产保护。

印有柯达黄色标志的胶卷曾经风靡全世界，如今行走在崩溃的边缘。人们唏嘘的同时也满怀疑问。美国《大西洋月刊》用它的文章标题问道：“是谁杀死了柯达？”人们的答案各不相同，但大多数人都把矛头指向同一个敌人——当下最热门的数码摄影。讽刺的是，发明全世界第一台数码相机的正是如今被它逼入绝境的柯达公司。言辞犀利的评论者将这个事实形容为“亲儿子整死了好爸爸”。

1975 年，时任柯达应用电子研究中心工程师的史蒂夫·塞尚创造了世界上第一台“数码照相机”——重 8.5 磅，由 16 节 AA 电池驱动，照片记录在磁带里。这就是柯达公司的“未来相机”项目。跟热爱发明的创始人伊斯曼一样，柯达公司从不缺乏创新。如今数码相机所使用的许多技术，都是柯达工程师的专利——CCD 图像传感器、OLED 显示器、全世界第一个摄像头、第一个 35 毫米彩色胶卷、全世界第一台数码单反相机……

柯达公司并非对未来没有考虑，他们在“未来相机”项目报告里如是写道：“随着技术的进步，摄影系统必将对未来的拍照方式造成实质性的影响。未来相机的照片将存储在一种稳定性极佳的存储器里，可从相机内取下以进行播放。照片将保存在胶卷、磁带或视频光盘上，并且相机存储介质将可重复使用。”

拖住这个摄影王者前进脚步的，竟然恰恰是它的成功。虽然掌握最先进的技术，但作为传统胶卷领域不二的霸主，柯达不敢贸然迈入当时尚不明朗的数码市场，谨慎地观望着市场。

起初，举棋不定的柯达并没有太大损失。直到 20 世纪 90 年代末，世界上绝大多数照片仍采用胶片感光技术拍摄，美国传统胶卷市场的销售增长速度曾高达 14%。柯达彩印店在中国的数量达到 8000 多家，这个数字是肯德基门店的 10 倍，麦当劳的 18 倍。这些不仅带给柯达丰厚的收益，也更加坚定了它继续保守观望的市场策略。

2000 年，柯达公司靠每台相机亏损 60 美元为代价，占据美国数码相机市场第二大份额，可是从那时起，市场的胶卷需求开始停滞，公司陷入困境，开始大量裁员，缩减开支。

曾在柯达的数字部门担任产品经理的麦考伊说，在他看来，柯达的衰落绝非不求创新。“早在 2000 年，我们就知道拍照手机会主导市场。”麦考伊说。他和同事开发过许多无线产品，甚至还开发过一款平板电脑原型机。

但是，似乎每一次转型关头，柯达公司都押错了宝。2002 年，当竞争对手富士公司的产品数字化率已经高达60%的时候，柯达公司还不足25%。柯达公司大举削减相机业务预算，把钱投入喷墨打印机，以期靠它在市场上大翻身。

可惜，柯达输了。生于胶片，死于数码，这个一路遥遥领先的发明大王，被挡在终点线前销售利润的围栏上，狠狠地摔倒。《大西洋月刊》评价道："柯达善于发明，却不善于将这些发明转换成商业利润。"

（摘自，李斐然，垂死的柯达带走了胶片时代，《青年参考》，2012年1月18日）

柯达实际上面临的是"增长的痛苦"①（弗莱姆兹，1998），指追求创业导向型战略的企业往往带来如资源受限、管理水平跟不上、新旧事业部门的文化冲突等。蒂蒙斯（Timmons，1999）将其称之为"创业中的悖论"，如创新与效率、协作与竞争，或是新与旧等，实质是战略与组织能力的不匹配（Hart，1992）。组织双元型的探索为解决创业悖论带来了新的思索，这是创业导向战略能够有效转化为组织绩效的重要内在中介变量，前期的初步研究证实了这一点（张玉利、李乾文，2009）。

1.2 研究内容

本书的主要研究内容包括以下要点：

第一，在中国转型经济背景和中国文化背景下，公司创业战略和双元能力维度是否具有独有的特征，如何全面反映企业的创业导向（EO）及其创业强度（EI）②；

第二，如何解决双元能力建构中的管理悖论（managerial paradox），如何解决公司创业战略下的人力资源管理的双元型（HRM ambidexterity）；

---

① 参见，厄威克·弗莱姆兹著，李剑峰译。《增长的痛苦》，北京：中国经济出版社，1998。

② Morris等（1996）为了全面描述创业活动，引入了创业强度的概念，强调对创业活动既要考虑到创业活动的幅度（degree of entrepreneurship，即组织在创新、风险承担、超前行动等方面所表现出来的程度高低），也要考虑到创业活动的频度（frequency of entrepreneurship，即在一定时间内创业事件的数量）。

第三，不同的组织双元模式在公司创业战略转化为组织绩效过程中发挥着什么样的中介作用（mediating effect），其作用机理又是什么？

第四，基于双元能力不同的初始条件，如何实现“双高型”的双元能力组织目标。

1.3 研究思路

基于中国经济转型期的背景，实证研究追求持续成长战略的公司创业导向倾向与创业强度，理论和实证研究追求创业导向战略的企业如何面对创业或再创业中的管理悖论，特别是如何通过结构型双元、情境型双元、人力资源管理系统的双元和高管团队双元等来构建探索能力与利用能力的“合而不同”，从而促进公司创业战略的有效实施，最终有效地转化为组织绩效。为提升中国的创业研究水平，同时也为我国企业的可持续发展服务。研究框架如图 1－1 所示。

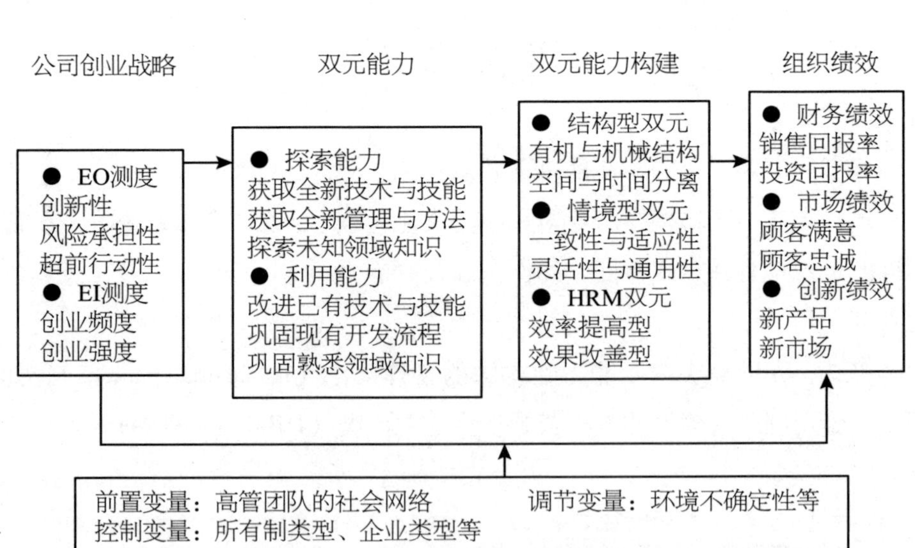

图 1－1　本书理论框架

理论框架最左边的是关于公司创业战略，众多的前期成果已对公司创业导向的测度、影响因素以及国际比较等进行了大量的研究，本书试图从创业导向（EO）和创业强度（EI）两个方面进行比较；把双元能力（探索能力与利用能力）视作为公司创业战略转化为组织绩效的重要中介变量；在已有结构型双元和情景型双元的研究基础上，进一步提出人力资源管理（HRM）的双元和双元型领导的概念；最后，对于组织绩效从财务绩效、市场绩效和创新绩效多方面展开测度。公司创业的前置变量包括高管团队的社会网络，调节变量涉及环境不确定性等，控制变量包含企业类型、所有制类型等。

1.3.1 公司创业导向的已有研究

公司创业导向的理论来源于战略管理中的决策模式研究（Khandwalla，1977；Miller and Friesen，1982），对于创业型的战略决策过程而言，具有一些共同的特征，米勒（Miller，1983）将其归纳为三个维度：创新性、超前行动性与风险承担性。戴斯等人（Dess et al.，1997）实证说明创业型的战略决策过程是一种特殊的模式，表现了试验性、创新性、风险承担性和超前性等特征。戴斯和拉普金（Dess and Lumpkin，2005）认为创业导向是企业用于识别和进行公司冒险活动的战略决策实践，它代表了公司创业的观念体系和心智模式，反映在企业的一贯过程和公司文化中。

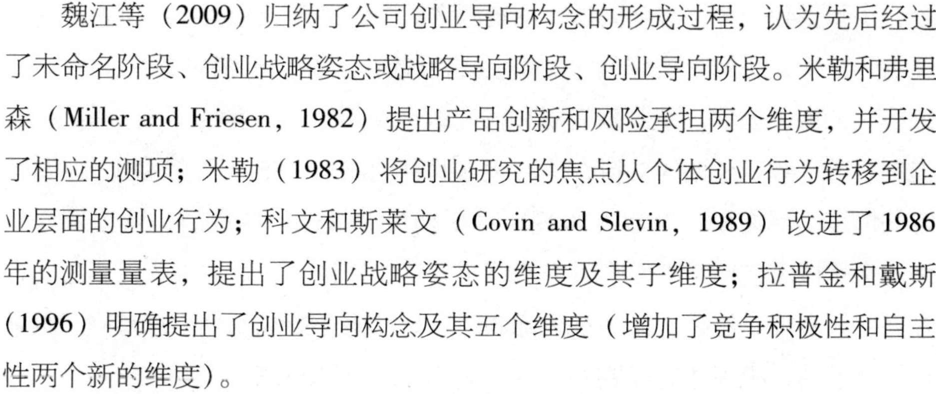

魏江等（2009）归纳了公司创业导向构念的形成过程，认为先后经过了未命名阶段、创业战略姿态或战略导向阶段、创业导向阶段。米勒和弗里森（Miller and Friesen，1982）提出产品创新和风险承担两个维度，并开发了相应的测项；米勒（1983）将创业研究的焦点从个体创业行为转移到企业层面的创业行为；科文和斯莱文（Covin and Slevin，1989）改进了1986年的测量量表，提出了创业战略姿态的维度及其子维度；拉普金和戴斯（1996）明确提出了创业导向构念及其五个维度（增加了竞争积极性和自主性两个新的维度）。

对于公司创业导向理论模型，莫里斯等人（Morris et al.，1994）的投入产出模型提供了一个反映创业的本质和范围的统一的概念性框架，其特点是反映出了创业过程的投入和产出特征，并且用创业强度来描述创业导向；科文和斯莱文（1991）提出的模型最大的特点是把影响创业活动与组织绩效的因素分为三类：外部的环境变量、内部的战略变量和组织变量；拉普金和戴斯（1996）提出的模型包括两类组织构造变量：环境因素和组织战略因素。

近几年，国内学者对企业层面创业的研究主要集中在创业导向上，着重探讨创业导向的前因与后果（张玉利等，2005；刘帮成和王重鸣，2007；姚先国等，2008），分析创业导向影响企业的条件和机理（薛红志，2006；严进，2007；焦豪等，2007；张映红，2008）。这意味着从现象和活动的视角考察企业层面创业的研究还未真正开始，说明公司创业研究的不足，同时也为后续研究留下了广阔的空间。维克伦德（Wiklund，1999）就曾认为诸多从创业导向、创业精神层面的研究更多捕捉的是创业倾向，需要进一步考虑实际反映创业导向效果的指标。创业强度（EI）的测度可以一定程度上弥补创业导向（EO）的不足。

1.3.2 双元能力的已有研究

关于如何管理悖论，学界存在着两种相互对立的观点：组织双元观（ambidexterity view）和权衡取舍观（trade-off view）。传统的权衡取舍观认为，由于受到一些主客观因素，如资源稀缺、管理理念和组织惯例方面的冲突等，组织无法同时实现两个相悖论的目标，因此，组织应该寻求“非此即彼”的解决方案。组织双元观和权衡取舍观尽管是两种完全对立的观点，但都获得了经验证据的支持，这说明这两种观点有可能都只能适用于某些特定的情境。周俊和薛求知（2009）对于相关文献进行梳理后，认为双元组织的适用情境包括组织面临具有战略重要性的悖论、悖论的组成元素之间存在某些兼容性、组织有能力在内部同时融合悖论各组成元素。只有同时具备这三个条件，组织才有必要并且有可能构建双元型组织。

从国外实证研究看，何和王（He and Wong，2004），罗瑟曼尔和迪兹

(Rothaermel and Deeds, 2004) 等相关研究都验证了探索与利用活动这样两个过程的存在及其对企业绩效的重要意义所在；奥赖利三世和图什曼(O'Reilly Ⅲ and Tushman, 2004) 对9个行业15个战略事业单位的35个项目进行了研究，最终发现双元型组织安排比其他类型组织安排具有明显的优势。从国内相关研究看，蒋春燕和赵曙明（2006）使用中国江苏与广东省的676家企业样本，从组织学习的中介效应视角，实证了探索式学习对于新产品绩效的促进作用，而利用式学习则有利于整体财务绩效的提升；赵文红和李垣（2008）利用508份有效样本验证了企业家导向对创新方式的影响是通过不同的能力作为中介实现的。王凤彬（2008）利用案例研究论述了"市场链"再造后的海尔新品开发团队体现出了双元能力的特征。

从前述看，针对组织双元型的内涵、构建机理、前因后果以及调节变量等，学者们进行了一些理论探讨和实证检验，取得了可喜的进展，但现有研究仍存在不足，如组织双元型与绩效之间关系的经验证据还相当有限，并且结论也不尽一致；对于创业型企业或是追求创业导向型的企业而言，往往面临着更强的创业悖论，如何构建创业导向型企业的双元能力，以把握难得的创业机会；基于不同的初始路径，选择什么样的构建模式；中国转型经济背景下的独特创业悖论表现，以及组织双元型管理经验挖掘等，都是有待研究的课题。

1.4 研究方法

本研究基于组织构造理论（configuration theory）视角的研究范式，认为不同要素的结合效果要大于单一要素的效果，同时也更符合创业活动的复杂实践。

1.4.1 组织构造理论的来源

组织构造的分析方法源于坎德瓦拉（Khandwalla, 1977），明茨伯格

（Mintzberg，1979，1983），以及米勒和弗里森（1984）等人的研究，在20世纪90年代得到了发展。它建立在权变原则的基础上，也就是说没有一种最佳的组织方法，不同的组织安排对应于不同的战略条件，组织有效性的增加取决于内部的一致性，或说是匹配，相关的情景、结构和战略要素的形式。

坎德瓦拉在卡耐基——梅隆大学做他的博士论文的时候发现，不同企业的成功，不在于企业利用单个的组织特征（比如特殊类型的规划系统，或者分权的形式），而在于企业怎样使各种各样的特征相互关联。换句话说，用另外的方法也可以成功，这取决于一个组织使它使用的特征成形的能力。有证据证明"把一切结合起来"比任何"一种最佳方法"要重要得多。

坎德瓦拉观察到组织中的效能（effectiveness）与运用何种特定的措施无关，诸如权力分散或者特殊的计划方法，而是与多个措施之间的相互关联有关。换句话说，组织有效运作是因为把各种特性以互补的方式结合在了一起——譬如，某种计划与某种计划的结构与某种的领导风格结合在一起。

许多组织研究都强调了环境、组织和战略制定变量之间的整合关系，环境的稳定或变动会同时影响这些变量的变动，或者只是经历一个短暂的间隔，为了保持一个相适应的平衡或构造（configuration），一个变量的变动趋势，将导致其他变量的变动趋势。

米勒（1983）对此进行了发展，其称之为原型（archetypes）的问题，即战略形态、结构形态、情景形态和过程形态，以及原型之间的转化，并把战略变化和结构变化看做量子化（quantum）过程，而非渐进。量子化的变化意味着很多因素的同时改变，而不同于"零碎地"改变，一次一个，譬如说先是战略改变，再是结构改变，然后是体制改变。这种变化可以很迅速，或用他们的话说是革命性的，尽管也能逐渐地开展。

米勒（1983）提到了三类构造关系的影响变量，分别是：环境变量，包括市场的动态性、敌对性和异质性等；结构或组织变量，分别包括对环境的审视、控制和沟通系统的有效性、战略决策权力的集中度、日常权威的代表性、技术专家的特征、可利用资源、差异化、高层管理人员的任期、传统的时尚等；战略决策模式，包括超前行动、风险承担、产品——市场创新、分析型、整合型、未来型、战略意识型、适应型、产业专家型等。

这种观点近些年被广泛应用到创业导向与组织绩效的关系研究上，科文和斯莱文（1991）提出了三类构造化因素：外部变量，包括技术的复杂性、环境的动态性、环境的复杂性、环境的对抗性和产业生命周期的变化等；内部战略变量，包括战略使命、商业惯例和竞争策略等；内部组织变量，包括高层管理者的价值观与理念、组织资源和竞争力、组织文化等。拉普金和戴斯（1996）提出了与文类似的两类构造变量：环境因素，包括环境的动态性、宽容性、复杂性和产业特征；组织因素，包括组织大小、结构、战略、战略决策过程、企业资源、文化、高层管理团队的特征等。

一些探讨权变关系的理论学者，认为整合了战略、环境和组织过程的多变量构造方法，将比仅仅考虑双变量描述关系的权变方法提供更多、更为完善的解释力。组织的构造理论通过研究多变量的复杂关系，代表了一种更为精细和扩展的权变方法，因此比双变量的权变方法具有更大的解释力。米勒（1988）通过研究发现，实现了战略、环境和组织结构良好匹配的组织能取得较好的绩效，从而证明了构造观点也是与规范的传统权变理论文献相一致的，不过，更加完善。

构造视角在组织研究中也得到了发展，如相对于传统的组织两分法理论（如 Burns and Stalker，1961），明茨伯格（1979）把组织区分为简单组织、机械官僚组织、专业官僚组织、分工形式组织和使命型组织；麦尔斯和斯诺（Miles and Snow，1978）对于组织防御型、分析型、预应型和反应型的分类方法，都得到了广泛的认可，但都不是两分法，而是保持了必要的简约和简洁，都整合了环境因素和内部组织特性因素，是构造思想的具体体现。

战略人力资源管理（SHRM）方面的研究也反映出这样的特征，如德莱尼和胡斯里德（Delaney and Huselid，1996）强调，能为企业创造持续竞争优势的是企业总体的人力资源管理系统，而并非是单个的人力资源管理实践，单个的实践活动容易复制，整合性的人力资源管理系统才具有特质性、复杂性、难以模仿和路径依赖的特点。

1.4.2 组织构造理论的基本观点

组织构造理论是对普遍性视角①基础上产生的最佳实践（best practices）方法的极大修正，也是对权变式视角②的很大发展。第一，构造理论关注于战略和组织的多个要素，而非简单的几个要素。因此，构造理论虽然来源于组织理论和战略理论，也是建立在权变理论的基础上，但又不同于传统的权变理论。传统的权变理论展示了众多的因素，如环境、技术和结构相互影响战略选择过程。两者都强调权变因素与组织特征的匹配性。然而，构造理论更强调整体的观点，更为强调组织的多种独立因素是如何共同影响到因变量的，而并非只是个体的自变量如何影响因变量的。第二，构造理论假设要素间的关系是互动的（reciprocal），而非单向的（unidirectional）。第三，殊途同归（equifinality），也就是说多种手段可以达到同一个战略目标，这也是构造理论的关键内涵。换句话说，学者们认为构造理论相信要更好地理解管理系统，必须强调不同组织构成要素之间的关联，而非简单的两个因素。殊途同归性是说高绩效的组织目标可以由不同的路径实现，而非单一路径（Meyer，Tsui and Hinings，1993）。第四，构造理论更为强调组织的理论形态，而非简单的实证观察现象。

构造理论与传统权变理论的基本假设如表1－1所示。

表1－1　传统权变理论和组织构造理论比较

基本假设	传统权变理论	构造理论
思维的主导模式	还原主义的分析	整体整合的分析
限制因素的关系	弱限制因素的整合	强限制因素的构造
属性间的关系	单向的和线性的	互动的和非线性的

① 管理学方面的普遍性观点（universalistic perspective），隐含着自变量和因变量的关系在不同组织中具有普遍性。最佳实践的观点认为某些管理实践活动总是优于其他活动。

② 管理学的权变性视角（contingency perspective）认为，为有效发挥管理资源的作用，管理资源政策必须与组织其他方面一致。权变理论学者试图展示管理实践如何与不同的战略定位相一致，这些实践又如何与绩效相关联。

续表

基本假设	传统权变理论	构造理论
均衡假设	准静态的均衡	间断均衡论
变革的暂时分布	持续的过程	片断式的涌现
管理有效性的假设	取决于特定的情景因素	殊途同归性

资料来源：Meyer，Goes and Brooks，Organizations reacting to hyper turbulence，In *Organizational Change and Redesign*，ed. Huber，G. P. Glock，W. H. New York：Oxford University，1993.

从思维的主导模式看，传统权变理论采取的是一种还原主义的分析方法，而构造理论采取的是一种整体整合的分析方法；从限制因素的关系看，传统权变理论认为组织中的几种环境、战略与组织因素等是弱限制因素的整合，而构造理论认为这几类因素是强限制因素的构造；从属性间的关系看，传统权变理论认为因素间是单向的和线性的，而构造理论认为因素之间是互动的和非线性的；从均衡的假设看，传统权变理论是一种准静态的均衡假设，因素很少变动，而构造理论认为因素间存在着间断性的打破均衡性，也就是间断均衡论，要考虑到因素的动态变动性；从变革的暂时分布看，传统权变理论认为变革是一种可以持续的过程，而构造理论认为变革是一种片断式的涌现（emergence）过程，不可能持续；从有效性的假设看，传统权变理论认为管理有效性取决于特定的情景因素，而构造理论则认为虽然与特定的情景因素有关，但也可以达到殊途同归性，也就是不同的情景组合匹配可以实现同样的组织目标。

1.4.3　基于组织构造理论基础上的分析方法比较

1.4.3.1　调节效应模型（moderation model）

史古文（Schoonhoven，1981）依据权变理论（contingency theory）的观点认为两个变量（自变量）之间有关系存在并用来推论或预测第三个变量（因变量）时，则他们就说前两个变量之间存在着交互作用（interaction），自此带动了调节观点在组织研究中的普及。根据调节效应的观点，自变量对因变量的影响会随着调节变量（moderator）的影响而改变，包括方向（direction）与强度（strength）。而此观点匹配（fit）就是指自变量和调节变量之间的配合，匹配与否是两变量的交互作用项是否显著而定。此模型分析方法包括了方差分析（analysis of variance）、调节变量回归分析（moderated regression analysis）、分组分析等（subgroup analysis）等（Venkatraman, 1989）。

1.4.3.2 中介效应模型（mediation model）

中介观点认为在自变量与因变量之间有明显的中介变量存在。采用此观点的研究者可以探讨自变量对因变量的直接效果（direct effect），与透过中介变量之间的匹配（fit）对于因变量的影响，匹配与否则要看其是否显著。此模型的分析方法为路径分析（path analysis）。

1.4.3.3 适配模型（matching model）

适配观点所指的匹配（fit）即为两个自变量之间的配合，与前两个观点（调节和中介）不同的是，此观点并没有涉及对因变量影响的讨论，意即若要讨论匹配（fit）是否对因变量有所影响，是后续阶段可以加强的部分。此模型的分析方法包括了方差分析（ANOVA）、离差分析（deviation analysis）、残差分析（residual analysis）等。

1.4.3.4 共变量模型（co-variation model）

变量之间是否具有内部一致性（internal consistency），即为此观点中的匹配（fit）与否的依据。假如，X_1 到 X_4 分别为 4 个不同的自变量，而所谓结合（co-alignment）就是 4 个自变量之间的匹配，实践中也可以继续探讨不同因素结合对 Y（因变量）的影响。此模型的分析方法是二级或验证性的因子分析（second-order or confirmatory factor analysis）。

1.4.3.5 形态差异模型（profile deviation model）

此观点假设组织有理想的形态（ideal profile）的存在，任一组织其形态

（profile）和理想形态之间若有差距（deviation），将导致较差的绩效；和理想形态越符合，则绩效就越好。因此，该模型所指的匹配（fit）即为组织理想形态与实际形态的相似度（Venkatraman，1989）。举例来说，假设当环境不确定性高的时候，匹配合作导向的策略会有最好的绩效。因此，当环境不确定性高时合作导向高的策略就是理想形态。若任一组织的策略不是高合作导向时，则其绩效就会不如理想形态。假设 X_1 到 X_6 是 6 个自变量，而 b_1 到 b_6 分别是它们的权重，Xsi 是变量 i 的实际形态分数，而 Xci 是变量 i 的理想形态分数，匹配值则是利用欧几里得的距离公式来计算，计算出来的值越大，则表示与理想形态差异越大，绩效则越差。

1.4.3.6 构造模型（configuration model）

米勒（1981）主张应该尝试着去发现变量特性的集群（clusters），而非仅只关心少数几个变量或它们之间的线性关联性。此观点就是利用一些变量的特性，把观察值区分为若干群。在每一个群中的每一项观察值其变量特性都相似，追求每个群的内部和谐性（internal congruence）则是此模型所指的匹配（fit）。而每个群所要表达的就是变量之间的关系是呈现暂时性的平衡状态（Miller and Friesen，1977）。此模型的分析方法包括集群分析（cluster analysis）和因子分析（factor analysis）等。

六种匹配模型关系的比较如表 1－2 所示。

表 1－2　　六种匹配模型的比较

特性	调节模型	中介模型	适配模型	共变量模型	形态差异模型	组织构造模型
基本概念	交互作用	介入	配合	内部一致性	理想形态	内部和谐性
变量个数	2 个	2～3 个	2 个	多个	多个	多个
分析方法	方差分析 调节回归分析 分组分析	路径分析	方差分析 离差分析 残差分析	验证性因子分析	权重欧几里得距离	集群分析 因子分析

续表

特性	调节模型	中介模型	适配模型	共变量模型	形态差异模型	组织构造模型
匹配的衡量	统计产生	统计产生	区间标准衡量	区间衡量	区间衡量	顺序或区间衡量
参考文献与相关实证研究举例	Gupta et al.（1984）Prescott（1986）	Prescott et al.（1986）	Chandler（1962）Naman and Slevin（1993）	Venkatraman（1986）Venkatraman and Walker（1989）	Van de Ven and Drazin（1985）Venkatraman and Prescott（1990）	Miller and Friesen（1984）Hambrick（1984）

1.5 本书结构安排

基于以上研究内容和研究问题，本书的结构安排如下：

第 1 章，绪论。介绍研究背景、理论框架、研究内容和研究方法论。

第 2 章，公司创业导向的研究进展。首先重点评述了公司创业导向三个重要维度中的超前行动维度的研究进展，进而阐述了公司创业导向的理论基础，然后对公司创业导向的研究进展进行了评述，最后对中国背景下的创业导向研究进行了剖析。

第 3 章，双元能力的研究进展。首先阐述了双元能力的研究意义，进而阐述了双元能力的理论基础，最后对双元能力的最新研究文献进行了评述。

第 4 章，理论框架构建。在已有的结构双元和情景双元研究的基础上，本章首先对人力资源管理（HRM）系统支持公司创业的内在机制与模型进行了探析，然后对双元能力的人力资源管理系统转化路径模型进行了构建，最后对高管团队的转化路径进行了理论构建。

第 5 章，中外案例研究。本章以双元能力理论为基础，介绍评述了公司如何构建双元能力的四组实践，有的已经成功，有的尚在进行过程中。《今日美国报》（USA Today）和视康公司（Ciba Vision）是著名组织双元的研究学者——查尔斯·奥赖利三世和迈克尔·图什曼构建的典型案例；中国学者考察了苏通大桥在建设中不同工程阶段的探索与利用活动，这是组织双元理论在工程项目的应用；江西移动管理创新双元型的案例揭示了管理创新双元型的应用。最后，课题组通过多种方式追踪苏宁集团发展苏宁易购的例子，阐释了其发展动机、历程和正在实施的多方面信息。

第6章，研究假设。本章主要从公司创业的前因——高管团队的社会网络、双元能力与人力资源胜任力、双元能力与创新型的领导行为互动三个角度提出理论假设。

第7章，变量维度选择与样本选择。本研究的主要变量包括公司创业、组织双元能力、高管团队社会网络、创新导向型领导行为、人力资源胜任力和企业绩效等。本研究的数据来源于对中国东部沿海地区：长三角、珠三角以及环渤海地区所作的一次大规模问卷调查。这些地区是我国目前经济最具活力的地区，为经济发展和社会稳定做出了巨大贡献，最后得到了392家企业的有效样本。

第8章，数据分析、假设检验与结论。为了检验双元能力以及双元能力的不同组合对企业绩效的影响，以及双元能力的不同组合所反映出的人力资源胜任力差异和企业绩效差异等，本书主要采用层级回归分析、聚类分析、K—Means聚类法和方差分析等的方法，并对相关结论分别进行了阐述。

第 2 章

公司创业导向的研究进展

本章重点从三个方面对公司创业的研究进行评述，一是创业导向的三个经典维度：创新、风险承担与超前行动，前两者的研究开展较早，并且成果丰富，超前行动的研究较少，而且是公司创业导向在不确定环境和网络经济条件下，为了赢得先动优势企业所采取的最常见的策略之一，首先对其进行了综述；二是创业导向的理论基础又有了新的发展，本章重点对《创业理论与实践（Entrepreneurship Practice and Practice）》2011 年的相关专刊进行了评述；三是对中国近些年对创业导向的重点课题与论文进行了回顾，为其后建构新的理论框架打下基础。

2.1

公司创业导向超前行动维度的研究进展

创业导向来源于对战略决策模式的研究，许多学者的相关研究表明，战略决策可以由不同的维度构成，如米勒和弗里森（1978）识别出战略决策的 11 个维度构成，包括产品——市场创新、适应、整合、超前行动、风险承担等。不同的战略决策维度又构成了不同的战略决策模式，如适应型、计划型和创业型等。对于创业型的战略决策模式，则有一些共同的特征，米勒（1983）将其归纳为三个维度：创新（innovation）、超前行动（proactiveness）与风险承担（risk-taking），他认为实施超前行动的维度包括：在创新中追随与领导竞争者；强调增长、创新和发展等。超前行动包括执行、承担责任和做任何能给创业概念带来成果的事。它通常需要相当的毅力、适应力和愿意承担失败的责任。后续的许多创业导向方面的研究基本遵循了米勒的概念化描述。

创业导向是创业研究中的重要累积性成果，而创业导向的重要维度“超前行动”与其他两个维度——创新以及风险承担相比，相关研究出现较晚，成果相对较少，但在网络时代其重要性日益显现。超前行动战略使企业有利于把握稍纵即逝的创业机会，并且契合了网络时代达维多定律①的要求，相关实证研究也证实了超前行动战略的有效性。当然，超前行动战略也有其自身的适用性，与被动反应战略在特定情况下起着互补的作用。

英特尔公司的微处理器并不总是性能最好、速度最快的，但是英特尔公司始终是新一代产品的开发者和倡导者。英特尔公司在1995年为了避开IBM公司的Power PCRISC系列产品的挑战，曾经故意缩短了当时极其成功的486处理器的技术生命。1995年4月26日，许多新闻媒体都报道了英特尔公司牺牲486，支撑奔腾586的战略。“这一决定反映了英特尔公司的一个长期战略，即运用达维多定律的方法，要比竞争对手抢先一步生产出速度更快、体积更小的微处理器……然后通过一边消减旧芯片的供应，一边降低

① 达维多（Davidow，1992年）认为，任何企业在本产业中必须不断更新自己的产品。一家企业如果要在市场上占据主导地位，就必须第一个开发出新一代产品。如果被动地以第二或者第三家企业将新产品推进市场，那么获得的利益远不如第一家企业作为冒险者获得的利益，因为市场的第一代产品能够自动获得50%的市场份额。达维多定律说明：只有不断创造新产品，及时淘汰老产品，使成功的新产品尽快进入市场，才能形成新的市场和产品标准，从而掌握制定游戏规则的权利。要做到这一点，其前提是要在技术上永远领先。企业只能依靠创新所带来的短期优势来获得高额的“创新”利润，而不是试图维持原有的技术或产品优势，才能获得更大发展。

新芯片的价格，使得电脑制造商和电脑用户不得不听其摆布。英特尔公司通过使用这种战略，把许多竞争对手远远抛在了后面，因为这些竞争对手在此时生产出的产品尚未能达到英特尔公司制定的新标准。”

（摘自，荆林波，达维多定律的魔力，《中国电子商务》，2001 年第 6 期）

美国的太阳微系统公司也是一家以不断淘汰自己产品和不断创新取胜的公司。它以企业的运作速度为核心成功地确立了自己的整个竞争战略。自从 1982 年创立以来，公司通过一系列的火速创新以及雷厉风行的企业运作机制逐渐发展壮大。在高性能工程工作站这一生产领域，产品的换代周期一般是 3 ~ 5 年，而太阳微系统为自己订下了他人难以企及的目标：每 12 个月使它的工作站的性能提高一倍。公司在年度报告中公开向自己的员工及竞争对手提出了这个挑战。太阳微系统公司时刻准备淘汰旧产品，推出自己的新产品，并以其产品价格、性能上的优势打乱竞争对手的阵脚。他们的理论是：与其让别人迫使你的产品淘汰，还不如自己淘汰自己的产品。太阳微系统公司是首先尝到了“自我淘汰”的甜头的企业之一。在一个速度竞争异常激烈的行业，淘汰自己的产品是不可避免的。而这种法则的优势是可以审时度势，在竞争中占据主动。

超前行动是指着重于对市场机会的预测，并事先采取行动，以应对甚至主动塑造其可能面对的外在环境以增进本身的竞争优势。由于外部环境的日益动态复杂性，伴随组织变化的动态性和扁平化，超前行动的战略和首创精神越来越成为组织成功的关键因素，一些研究发现超前行动战略增加了组织的有效性。

温克特曼（Venkatraman，1989）认为超前行动是指寻找一个新机会，不管这个机会是否在原有事业领域范围内。他用这个词来指代不断地寻找能对不断改变的环境趋势做出潜在反应的市场机会和实验。他指出超前行动战略在三个主要方面作用是非常明显的：寻找和目前的业务范围可能相关也可能并不相关的新机会；在竞争前引入新产品和新品牌；战略性淘汰已经成熟的或者处于生命周期衰退阶段的业务。

史蒂文森和加里洛 - 莫西（Stevenson and Jarillo-Mossi，1990）研究了

创业型企业中的超前行动形成过程，他们把超前行动定义为组织追逐有利的商业机会的过程。贝特曼和格兰特（Bateman and Crant，1993）认为超前行动表现为扫描机会，展现首创精神，采取行动，坚持直到达成改变的目标。

拉普金和戴斯（1996）认为超前行动对于创业导向而言是非常重要的，因为这涉及创业的实施阶段，具有超前行动倾向的创业者通过采取必要的手段，完善他们的创意，把新的创业机会首先市场化与资本化，从而获得竞争优势。拉普金和戴斯（2001）把超前行动视作为：对未来需求进行有效预测，通过先于竞争者导入新产品或新的服务，以创造变革和形成有利自身环境的机会追逐和前瞻性行为。戴斯和拉普金（2005）认为超前行动型的组织时刻监视环境变化趋势，识别已有客户的未来需求，预测能够带来新的创业机会的需求变化或正在涌现的问题。超前行动不光是认知到变化而且有及时先于竞争对手的行动。实践方面的超前行动必须为未来企业的成长和发展寻找新的可能性。

2.1.1 超前行动的实质

超前行动的实质是在于对创业机会超前的发掘与把握。创业机会属于广义的商业机会范畴，但并不是一般意义上的商业机会，借助于价值创造流程中的“目的——手段”关系可以更好地理解创业机会的独特性。所谓目的，指的是计划服务的市场或要满足的需求，表现为最终产品或服务；所谓手段，指的是服务市场或满足需求的方式，表现为用来提供最终产品或服务的价值创造活动的流程和体系。创业机会的独特性就在于能经由重新组合资源来创造一种新的“目的——手段”关系。

一个具体的创业机会，其存在的时间是短暂的。蒂蒙斯在他的著作中描述了一般化市场上的“创业机会之窗”。一个市场在不同时间阶段，其成长的速度是不同的。在市场快速发展的阶段，创业的机会随着增多；发展到一定阶段，形成一定结构后，机会之窗打开；市场发展成熟之后，机会之窗就开始关闭。为了超前行动，把握创业机会，及时的决策速度就是至关重要的

(Eisenhardt，1989)。

超前行动反映了企业领导人前瞻性的战略思维。与超前行动战略相似的范畴是被麦尔斯和斯诺（1978）称为的前瞻性战略（prospector strategy），采取此种行动战略的企业通常搜索新的产品、服务和技术。前瞻性战略的组织紧密监测环境的变化，在他们的行业中是变化的创造者。

麦尔斯和斯诺认为企业存在四种类型的战略行动者：先知先觉者（prospector)、先知后觉者（analyzer)、后知后觉者（defender)、不知不觉者(reactor)。而战略前瞻性是“先知先觉型企业的特有属性，该种特性的组织所处的环境比同行业的其他组织更富有变化性，能够使组织不断地调整其产品或者市场定位领域，利用发现的市场机遇，强调技术系统与行政系统的灵活性以促进组织目标的迅速实现。”该种组织虽然也带来一些风险，但该特性能够使组织适应明天的需求。

前瞻性组织的定位领域往往很宽泛，并且处于不断发展和变化当中，为了发现新的机遇，前瞻性组织必须培训并保持监测各种环境条件、趋势和事件的能力。前瞻性组织因而将大量的人力和物力投在了潜在机遇的发现和环境监测工作上。组织将环境审查的工作下放给组织内部适当的下属单位，不仅提升了组织的监督能力，而且能够发现和开拓机遇。由于前瞻性组织的环境审查活动并不局限于组织当前的定位领域，因此它们往往成为其所在行业的改革者。实际上，变革是前瞻性组织为获得竞争优势而使用的主要工具之一。

由于超前行动表达的是一种“超前看”的观点，强调先行者优势、品牌认知和创新，要求企业对顾客需求的变化保持高度敏感，这是与差异化战略相一致的。由于超前行动强调快速进入市场，需要进行大量的跨部门协调活动，因此是一种资源消耗型活动，一些研究发现这类企业大量投资于研发、市场和促销等（Hambrick，1983)。

这种前瞻性的理念对于寻求产业领先者的企业是很重要的。许多超前行动的公司不光要着眼于未来，而且要试图改变整个产业的竞争本质，从一开始，戴尔公司就直接把电脑销售给顾客，降低了中间商的角色，戴尔的成功改变了电脑的传统销售方式。

超前行动的目标在于获得先动优势（first-mover advantage）。超前行动在营造竞争优势上特别有效，因为他把竞争对手放在了一个面对成功的先动行为必须反应的位置。超前行动获得的优势包括首先进入市场、建立品牌认知、实施管理技术，或者是采用新的操作技术，以赢得先动优势。

莱伯曼和蒙哥马利（Lieberman and Montgomery，1988）认为通过先动行动能比追随企业获得更大竞争优势，他们把先动优势定义为领先企业通过技术领先优势和增加购买者的转移成本（buyer-switching costs），而获得更高的经济利润。奈特（Knight，1997）强调了超前行动是一种进攻性的战略实施，为了获得企业目标可以采取任何必要的、合理的手段。

先动者通常具有以下优势：一是产业先锋，通常在新的行业中由于没有竞争对手采取价格战，可以获得高额利润；二是先动者能够建立起自己的品牌，保持他们的形象，从而获得相当的市场份额。一般来说，先动优势往往可以保持到产业生命周期的成熟期。

但先动者并不总是有效的，企业的顾客可能并不情愿采用新的产品或方法，因为顾客存在学习曲线与学习成本。摩尔就曾注意到大多数企业都是寻求渐进式创新而非革命性的变革，增加了企业把先动战略的新产品卖出去的难度。如迪斯尼公司和NBC大量投资于互联网产业但损失惨重。前者投资了25亿美元以创造一个叫做Go网站（Go. com），但在损失了2亿美元之后放弃了他们的计划。后者也是在媒体行业中很早就进入互联网行业的娱乐公司，但其投资也并没有有效地运行。

因此，对于环境的及时监测非常重要，再加上灵活的调查是保证超前行动战略获得竞争优势的关键。企业需要不断地回答以下问题：第一，你的企业是否不断地监测环境变化趋势，识别未来顾客需求，以有效地预测未来需求情况？第二，你的企业经常努力成为先动者以获得产业领先优势吗？第三，你的企业是否会意识到先动者的障碍，例如顾客对于新产品或技术的抵制，以及对于不可预见技术问题所要承担的成本等？第四，你的企业经常使用如下办法吗？如先于竞争对手导入新的产品或技术，不断地寻找新的产品或服务解决方案？

在早期的研究中，米勒和弗里森（1982）来评判企业的决策是否具有超前行动性，是看其是否以进入新产品、新技术与新的管理方式来影响环境，或者公司只是单纯反应而已。一些学者把具有此特性的组织视为“领导者（leader）”，而非“跟随者（follower）”，但它不一定是新产品、新服务或市场的第一个进入者。

2.1.2 超前行动与被动反应在企业战略中的连续体

超前行动不是对环境变化的被动反应，而是对正在出现的变化特征征兆的反应。由于真正的未来无法控制，超前行动可以理解为在使用过去、现在和未来的信息以达到控制现在的目的。超前行动也被看做为企业试图影响环境甚至发动变革的情形。在某种程度上说，超前行动企业是在创造未来，他们也许可以设想出目前市场所不存在的产品与服务，甚至全新的产业，促进他们创生。

超前行动是企业能够创造机会的能力，或是在机会或威胁来临时，能够认知或者预测并行动的能力。相应的，超前行动是对于企业环境中将要到来的变化征兆做出提前反应，并创造变化。

研究超前行动战略的文献经常把被动反应（reactiveness）视作为超前行动的对立面。被动反应是对不可预见的环境变化做出应对，而只是在问题出现后才应对变化。往往因为时间紧迫或是无计可施而无法做出有效反应。被动反应与超前行动之间的差异就是时间，超前行动经常是在对企业有直接影响的环境变化之前的行动，在实践上经常是对将要到来的变化做出反应。长期来看，企业努力创造机会，并发现以前未曾意识到的战略选择的能力是非常重要的。

超前行动是昂贵的，需要监测顾客和竞争者，长期的市场监测和密集的游说活动等，都是需要耗费资源的。超前行动也可以体现在不同的职能部门中，如研发、融资、生产运作、市场营销等，或者分为与产品相关的、市场相关的、过程相关的。产品维度指的是产品研发、设计和生产等；过程维度指的是运作和渠道过程、管理和行政管理过程。

由于大多数企业不断地修正以及重新定位与环境的互动行为，企业在“被动—超前行动”连续体中的位置也会不断变化，如图2－1所示。

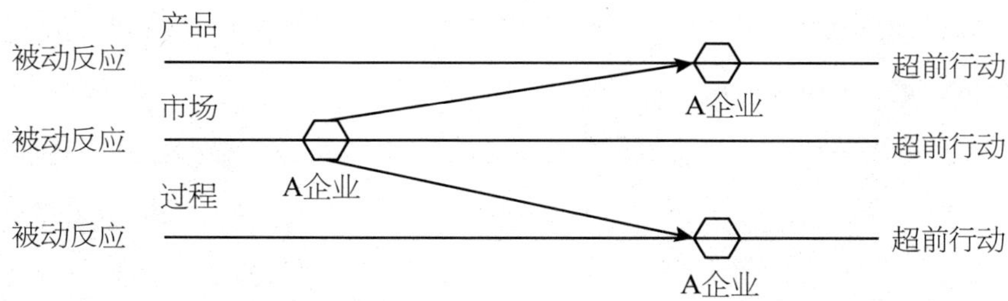

图2－1　企业在“超前行动—被动反应”连续体中的位置图

资料来源：Sandberg，B. Creating the market for disruptive innovation：Market proactiveness at the launch stage. *Journal of Targeting*，*Measurement and Analysis for Marketing*，2002，(2)：187.

超前行动的市场导向反映了探索性的学习行为，包含了在企业原有领域之外搜索新的和反向的信息，会在组织之内产生变异行为。拉普金和戴斯（2001）认为企业经常寻找有吸引力的利基市场，一旦建立起来，他们又设法保护它。例如，英特尔公司经常超前地寻找新的市场机会，投资几十亿元开发新的计算机芯片。但是，一旦市场确立后，新的芯片证明是成功的，英特尔公司就通过每季度降低芯片价格等来主动保护它的市场。由此可见，超前行动是针对机会而来，而被动反应则是针对威胁而来。超前行动指的是企业通过发动首创产品或服务来营造新的市场机会，而被动反应则是指企业如何对竞争性的趋势，以及已经存在的市场做出有效的反应。

麦尔斯和斯诺（1994）在反思了网络经济时代的新特征之后，认为20世纪90年代的许多企业不仅运作效率很高，而且具有很强的适应能力。许多行业，甚至大多数行业的产品生命周期已经变得越来越短，而像戴尔电脑公司这样的公司已经在一个被许多学者称之为“虚拟”的组织中与它的伙伴开展合作，应对市场需求。适应性技能使企业（以及整个网络中的企业）能够快速和有效地行动，因此它们看起来同时具备了现代分析型和前瞻型企业的特征。

陈和汉布里克（Chen and Hambrick，1995）建议企业应该在技术、创新、竞争、顾客等环境中，既要超前行动又要被动反应。超前行动指企业通过采取首发行动的努力，以营造发展环境累积竞争优势，而被动反应则是对竞争者挑战的适应性反应。

由于突破性创新的高度不确定性，技术能力只是取得突破性创新发明成功的其中因素之一。为了创造收入和在市场中成功，创新必须提供给顾客新的利益。既然突破性创新的利益短期内很难知晓，企业必须和潜在的顾客沟通交流。

由于产品本身并没有定型，沟通并不容易，顾客仅仅只能根据创新的概念描述来想象它们的功能和利益。虽然有创新的采用者（先锋）试图采用这一创新，但由于整个市场还是保守的，顾客的习惯一时难以改变。只有大多数的购买行为，能够抵消创新发展的累积成本，降低采用障碍就是必需的。在此阶段，市场的超前行动就扮演着重要角色。

市场的超前行动被定义为基于直接影响企业的因素发生之前的信息，而采取行动，或是精心地影响和创造市场中的变化。企业既可以直接地改变需求，如给顾客提供更多选择机会，提供更多的利益增值。企业或是间接地通过改变认知结构以改变行为，如设法改变顾客的偏好，包括教育顾客如何使用新产品以及创新的好处等。准确地预测市场环境的变化，将使企业成为第一个看到机会和风险，从而第一个去开发或阻止风险发生的企业。

市场的被动反应指的是企业的市场驱动性，企业接受既定的市场结构，没有改变市场行为的目标。因此，它聚焦于理解和满足已明确表达出来的顾客需求，往往是短期的行为。使用意见领袖以达到口碑相传的沟通效果，或是专家使用等都是有效的教育顾客的方式。市场和创新的相容性需要通过来自顾客意见的修改，或是通过市场预测这些需求。早期的顾客主要来自于两类群体：创新者和早期使用者。在产品推出阶段的市场超前行动与被动反应如图 2 -2 所示。

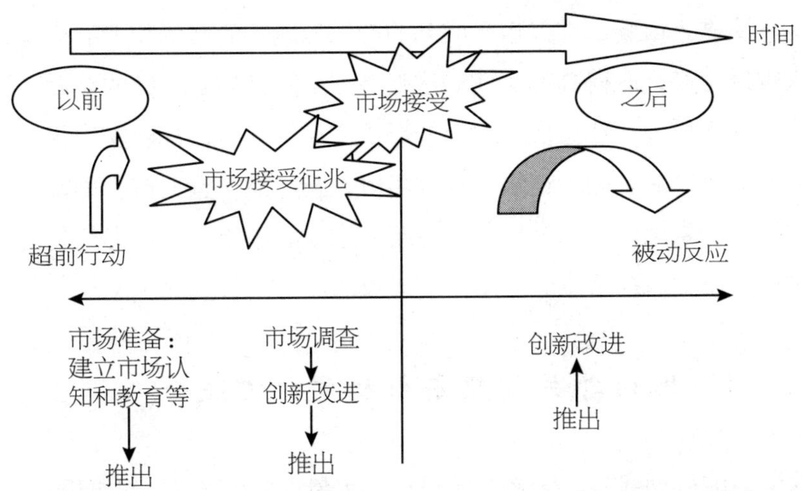

图2－2　产品推出阶段的市场超前行动与被动反应

资料来源：Sandberg，B. Creating the market for disruptive innovation：Market proactiveness at the launch stage. *Journal of Targeting*，*Measurement and Analysis for Marketing*，2002，(2)：190.

2.1.3　网络时代的超前行动战略必要性分析

超前行动战略在现实中的表现就是企业日益重视的快速反应能力，这样的快速反应能力或许针对潜在的市场需求，或许针对行业内的竞争对手。在网络时代，由于新的竞争手段、新的经营模式不断涌现，创新与不断再创业成为企业竞争制胜的法宝，企业需要不断地审视新的竞争环境，不但要超前行动于竞争对手，也要超前行动于自己，达维多定律（Davidow's Law）就反映出了这样的超前行动特征。

这一定律的基点是着眼于市场开发和利益分割的成效。因为人们在市场竞争中无时无刻不在抢占先机，只有先入市场才能更容易获取较大的份额和较高的利润。达维多主张一家公司必须靠率先在市场推出新一代产品的方式来主导市场，同时宁可让这些新产品还留一些仍需改进的功能或特色稍后再进行处理，也不能坐等自己沦为市场上第二或是第三家推出新产品的公司。实际上达维多定律体现的是网络经济中的马太效应（Matthews effect）。达维多定律揭示了以下取得成功的真谛：不断创造新产品，及时淘汰老产品，使新产品尽快进入市场，并以自己成功的产品形成新的市场和产品标准，进而形成大规模生产，取得高额利润。这就是网络时代超前行动的功效。

再如，索尼公司在每次推出一个畅销产品的同时，都会安排四个小组研究全新的替代产品。因为在索尼的逻辑里，新产品一旦上市，顾客的期望就会跟着提升，索尼要做的是抢先一步超越顾客的想象。企业必须明白，再以产品生产的逻辑来经营企业一定是要失败的。

2.1.4 国内外关于超前行动研究评述

对于超前行动战略，学者们已进行了大量的实证研究，主要围绕超前行动战略的一般行为、个体与组织层面的前因影响因素、在组织层面的产出等进行研究，如图 2－3 所示。

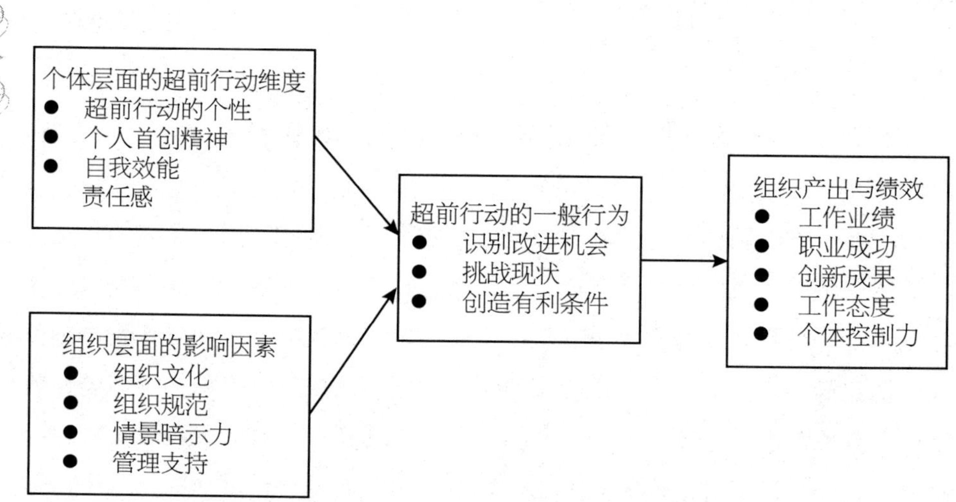

图 2－3　超前行动战略的前因与后果整合模型

资料来源：Crant, M. Proactive behavior in organizations. *Journal of Management*, 2000,(3): 438.

2.1.4.1 超前行动战略的一般行为

超前行动战略的一般行为包括识别改进机会、挑战现状与创造有利条件等。克雷瑟、马连奴和韦弗（Kreiser, Marino and Weaver, 2002）通过 6 个国家的1067份企业有效问卷发现，创业导向由三个维度组成，创业导向的三个维度独立变动，而超前行动战略是创业导向战略的重要组成部分。斯泰特兹等人（Stetz, et al., 2000）通过对865个保健行业的高管人员调查也同样发现，创业导向是一个多维度的概念，相互独立变动，作为独立指标比作为单一指标对企业成长的解释力要好，而超前行动的重要性对于企业成长绩效的重要性也得到了验证。

白克瑞和毛瑞尔（Becherer and Maurer, 1999）发现表现出了超前行动的公司总裁倾向于使他们的公司更多地寻找商业机会。文卡特斯（Venkatesh, 2006）通过分析打印机市场的市场领先者惠普公司（HP）和市场追随者爱普生（Epson）、佳能（Cannon）和利盟（Lexmark）的战略行为，发现市场领导者往往采用混合的、复杂的超前行动战略，如产品扩散战略和渠道合围战略（channel encirclement），而很少采用价格战。相反，市场追随者则往往采用打价格战的被动反应战略。

2.1.4.2　超前行动战略的前因或权变影响因素

大卫（David, 2006）基于139个员工样本，显示超前行动个性可以预测工作感知（程序公正感知、感知上司支持和社会化整合）和工作产出（工作满意度、情感上的组织承诺和工作绩效）。格兰特（Crant, 1996）使用181个学生样本，发现创业意图和超前行动个性维度之间非常相关。

多里斯等人（Doris, et al., 2004）通过35个经历重组的德国公共运输中心事业部，发现超前行动的氛围同部门绩效正相关。他们对超前行动的氛围进行了定义，指的是对于工作实践导向的共同感知，主要体现为三种导向：（1）自己发起行动的导向，意味着在没有收到直接命令或要求的情况下，抛开传统轨迹行为的倾向；（2）工作创新的导向，意味着准备尝试新的方法和实践，甚至发动新的工作办法等；（3）对于错误管理的导向，指的是公开地讨论失误，并把失误视为学习的机会，视为对企业未来发展有利的行为。

拉普金和戴斯（2001）通过94份企业的124个高管人员样本发现，超前行动适用于动荡环境下的产业成长初期的企业，而竞争积极性适应于竞争环境恶劣的产业成熟期企业。

2.1.4.3 超前行动战略的组织层面产出

阿拉贡-克雷亚（Aragon-Correa，1998）通过105个首席执行官的调查，发现与审视环境有关的战略性超前行动与绩效相关。肯克库和甘德瑞（Kickul and Gundry，2002）使用107个小企业主的问卷，发现前瞻性的战略导向在超前行动个性的企业主和三种形式的创新（创新的定位过程、创新的组织系统、创新的边界支持）之间起中介作用。

鸿翥-吉马等人（Atuahene-Gima，et al.，2005）通过175份美国企业调查样本发现，被动反应式的市场导向和新产品开发绩效之间是U形关系，而超前行动式的市场导向和新产品开发绩效之间是倒U形关系。被动反应式的市场导向有效的条件包括管理者高度一致的战略共识等，而学习导向和企业市场影响力高时，则会加强超前行动的正向效应。

莎若库娃和沙塔洛夫（Shirokova and Shatalov，2008）通过对不超过6年的162家俄罗斯新创企业发现，与采用战略防御者、分析者和被动反应者的企业相比，只有采用前瞻性思维的超前行动战略的新创企业与销售收入增长率典型相关，说明在转型经济条件下，瞄准于创新与创造，只有不断地寻找新的产品和市场机会，并有效行动的企业才容易获得企业销售收入的增长。

超前行动是创业导向的重要组成维度，其实质是对创业机会的超前发掘与把握，反映了企业领导人前瞻性的战略思维，其优势则在于获得先动优势。超前行动与被动反应并不是截然对立的，两种战略在企业的不同职能和发展阶段有着不同的功效。网络时代超前行动的重要性体现在达维多定律的有效性上，需要不断地超越对手，也要超前地不断否定自己。超前行动的有效性也得到了诸多实证研究的支持。

当然，由于超前行动战略研究的初步性，许多有价值的研究方向需要深入挖掘，例如：（1）超前行动战略在转型期的发展中国家是否具有不同于发达国家的特征；（2）超前行动与创新、风险承担等创业导向维度又存在着怎么样的影响关系；（3）组织层面的超前行动战略如何有效地转化为个体和团体层面的超前行动；（4）在实践环节如何通过创新培训项目有效地激发员工的超前行动思维；（5）有利于超前行动与被动反应互动关系的组织构造等。

2.2 公司创业导向的理论基础

科文和拉普金（2011）使用创业导向（entrepreneurial orientation）作为关键词，搜索ABI/INFORM数据库，发现256篇学术期刊论文是关于创业导向的，其中109篇论文发表于2008～2010年间；而涉及公司创业（corporate entrepreneurship）的论文是242篇，其中2008～2010年间发表了66篇。从中总结出以下四种可能的理论基础。

主观理论（subjectivist theory of entrepreneurship）（Kor，Mahoney and Michael，2007）。这一理论强调创业发现的主观本质，以及创业者的经验和先前知识等如何影响机会的感知。主观理论可能用来解释，为什么一些有利于创新的特定资源（包括技术知识、组织冗余、技术员工）会导致一些企业的创业导向较高，但在另外一些企业却不是。

动态能力理论（dynamic capabilities）（Teece，Pisano and Shuen，1997；Zahra，Sapienza and Davidson，2006；Jantunen，Puumalainen，Saarenketo and Kylaheiko，2005）。另一个理论或更准确地说理论视角，在创业导向研究上更有潜力的就是动态能力（Teece，Pisano and Shuen，1997），赞赫、斯帕恩扎和戴维斯（Zahra，Sapienza and Davidson，2006）把动态能力定义为被企业的主要决策者预想和认可的对于企业资源和管理的重组。就像詹图乃、普马赖乃、萨伦凯托和科拉黑口（Jantunen，Puumalainen，Saarenketo and Kylaheiko，2005）讨论的，创业型企业通过他们的行动创造机会。为了利用这些机会，这样的企业经常重塑他们的资源基础，动态能力可以理解为连接创业导向和机会探索与机会利用活动的关键途径。

蒂斯、皮萨诺和炫（Teece，Pisano and Shuen，1997）以动态能力观点

指出，企业必须通过开发存在于组织内外的特殊能力以因应外在环境的改变。波特（Porter，1994）指出，企业所拥有的技术、知识与资源本身并不意味着具有成功的保证，重点是这些技术、知识与资源必须是对的技术、知识与资源。如果管理者能够了解他们的竞争环境与竞争优势的来源，他们就能够有创造力地找到具有竞争优势的市场定位、整合需要的技术与资源、建构合适的价值链等。

主导逻辑（dominant logic）（Prahalad and Bettis，1986；Meyer and Heppard，2000）。主导逻辑的概念（Prahalad and Bettis，1986），特别是创业型的主导逻辑（Meyer and Heppard，2000）在创业导向领域被广泛和密集使用。普拉哈拉德和贝蒂斯（Prahalad and Bettis，1986）使用这一名词指的是企业如何对于技术、产品发展、渠道、广告或是人力资源管理等概念化或关键资源的决策。创业的主导逻辑抓住了创业企业和高管团队一致性的信念、态度和管理哲学。就像梅耶和谢博德（Meyer and Sheppard，2000）对于创业型主导逻辑所描述的，通过主导逻辑企业的成员不断地搜寻新产品和过程创新的机会、信息，以获得更大的利润回报。经验显示主导逻辑有利于企业转型和鼓励企业创新的试验行为。特别是，创业型的主导逻辑能够解释为什么面临相似环境的企业在创业导向表现上大不相同。

学习理论（learning theory）（Kreiser，2011）。最后一个理论视角是关于学习理论。事实上，大量的研究存在，包括克莱泽（Kreiser，2011）特刊中的这篇文章，把创业导向和邻近的因果现象通过学习联系起来，或者把创业导向和学习通过各种内生的过程和情景属性联系起来。总体上，创业导向研究将通过学习理论等，以及之前的各种理论视角作为现象框架工具逐步建立起自身的理论性。

2.3 公司创业导向的重要研究进展

斯莱文和特杰森（Slevin and Terjesen，2011）对2011年《创业理论与

实践》创业导向特刊的文章进行了回顾，从中揭示了公司创业导向的一些重要研究进展。

2.3.1　创业导向的重要研究前提假设——从“创业导向作为优势”到“创业导向作为试验”

韦克伦德和谢博德（Wiklund and Shepherd，2011）补充了已有的创业导向研究上的“创业导向作为优势”（EO-as-advantage，Rauch et al.，2009），提出了“创业导向作为试验”（EO-as-experimentation）的重要观点。他们通过对466家瑞典中小企业3年的追踪研究发现，即使是失败的中小企业，创业导向也是很高的。事实上有许多因为冒险而导致失败的例子，也有冒险获得回报的例子，比如，联邦快递（FedEx）的创业故事①。两人的研究提出的核心问题是：企业能否有效地管理创业导向？企业需要构建什么样的能力以管理创业导向。

虽然创业导向和绩效之间的理论基础很少被解释，但是大多数的研究都假定创业导向为企业提供了优势，企业值得去追逐创业导向战略。而资源基础论（RBV）提供了解释的可能。创业导向（包括导致的战略与行为）已被视为资源，一种能力，以及允许企业利用其资源基础的组织情景（Newbert，2007）。爱尔兰、希特和瑟蒙（Ireland，Hitt and Sirmon，2003）在他们构建的战略创业框架中，建议导致创业活动的导向能够使组织结构化他们的资源组合，组织他们的资源，并杠杆化他们的资源已获得可持续的竞争优势。韦克伦德和谢博德（2003）实证研究发现更多的创业导向可以使企业更充分地利用他们基于知识的资源，而这将改善企业的相对绩效。相似的，布徽安、麦格克和拜尔（Bhuian，Menguc and Bell，2005）建议创业战略构

① 联邦快递是全球最具规模的快递运输公司，为全球超过200多个国家及地区提供快捷、可靠的快递服务。联邦快递设有环球航空及陆运网络，通常只需一至两个工作日，就能迅速运送时限紧迫的货件，而且确保准时送达。其创建者弗雷德·史密斯对快递服务市场精辟独到的分析以及他的努力、他的自信、他的非凡的领导能力，他的不可多得的胆识，特别是他破釜沉舟地把全部家产投到联邦快递公司的勇气和冒险精神，征服了无数精明而狡猾的风险投资大师，征服了他们口袋里的9600万美元，最终获得创业成功。

成了重要的动态能力，而这一能力将修正和协调企业的市场知识。

这一理论建立在玛奇（1991）探索与利用组织学习的理论基础上。由于企业的探索活动与企业已有的能力与活动离的较远，这些活动的产出是不确定的。因此，这些产出的差异范围较大。这些探索活动的项目有些或许成功，有些或许失败，这些将带来绩效的差异。变异的追求行为是一把双刃剑，一般的原则是企业的战略位置会受到绩效差异的影响，通过竞争为了获得相对较高的位置，差异化具有正面的效果；而通过竞争为了避免相对低的位置，差异化具有负面的效果。因此，企业为了生存需要最低的绩效要求，这一最低要求将处于绩效分布的底端。在一个随机的企业样本中，我们期望在生存竞争的行业中，那些通过追求差异化战略的企业的失败率将高于那些追求保守战略的企业。

创业导向明显地与探索与利用活动紧密关联，而从两种活动看，创业导向更明显地与新产品开发和试验活动领域相关联，而与已有的惯例和产品市场较远。麦克格拉斯（McGrath，1999）建议创业型的企业和创业型的社会将带来更大的回报分布。更大的差异意味着更多项目可能会失败，更多的项目将会成功。只有鼓励向未知实验才能提供这样的差异分布。

2.3.2 创业导向的重要研究模型——双元模型和周期波动模型

威尔士、蒙森和麦凯尔维（Wales，Monsen and McKelvie，2011）研究基于持续的更新模型，组织的战略导向是相对同质和稳定的，他们遵循了双元模型和周期波动模型，分别指随着空间和时间的变动所带来的公司创业导向程度的变化。

双元模型。这一模型显示出企业的创业导向在空间上的异质性，企业想要同时追求创业导向的探索行为和提炼、利用已有知识的维持行为（March，1991；O'Reilly Ⅲ and Tushman，2004；Raisch et al.，2009）。图什曼和奥赖利三世（1996）指的是同时追逐渐进式创新和间断式创新的能力，以及来自于多种矛盾着的结构、过程和文化共存中的变化结果。组织必须小心谨慎地平衡组织稳定和变革间的矛盾要求。劳伦斯和洛希（Lawrence and Lorsch，1967）是最早认识到组织需要把他们的商业单元或领域区分为“不同的态度与行为”、“朝向特别目标”以有效地应对外部环境。邓肯（Duncan，1976）建议组织能够同时通过分离的单元以聚焦于创业单元并保持稳定的内核。

周期波动模型。这一模型认识到企业在不同的阶段能够改变他们的创业导向重点所在。组织能够采取动态的变化，例如间断式的均衡模型（Romanelli and Tushman，1994），动态状态模型（Levie and Lichtenstein，2010），稳定阶段能够让组织聚焦于特定的计划，以提高运作效率，同时准备适应变化的环境（Mintzberg and Westley，1992）。然而，随着时间的变化，不管是由于惯性、环境的变化或是内部危机，组织都会转向一个新的阶段。

2.4 中国背景下的创业导向研究

2.4.1　国家自然基金的近5年立项课题（2008~2012年）

通过国家自然基金网站查询关键词“创业导向”，基本情况如表2-1所示。

表2-1　　国家自然基金创业导向课题立项情况

序号	年份	项目名称	项目负责人	所属单位
1	2008	创业导向、社会资本对服务业企业国际化扩张的影响机制研究	张骁	南京大学
2	2008	家族涉入、创业导向与家族创业企业成长	李新春	中山大学

续表

序号	年份	项目名称	项目负责人	所属单位
3	2009	创业导向、网络能力对新企业资源构建的影响研究	朱秀梅	吉林大学
4	2009	基于双元能力构建的创业导向与组织绩效转化路径研究	李乾文	南京审计学院
5	2009	创业导向与企业绩效：基于高管团队胜任特征视角的研究	贾建锋	东北大学
6	2009	新创企业创业导向转化为绩效的能力与关键要素研究	胡望斌	南开大学
7	2009	技术创业导向的大学技术转移机构效率问题研究与发展对策	董正英	上海交通大学
8	2010	非营利组织社会创业导向研究及其实证分析	胡杨成	南昌工程学院
9	2011	企业家能力、企业家创业导向对天生全球化企业国际扩张行为特征的作用机制研究	钱海燕	南京大学
10	2011	基于资源整合过程的创业导向、小企业导向对新创企业动态能力影响研究	马鸿佳	吉林大学
11	2012	跨国创业导向与国际化绩效：影响机理和实证研究	杜群阳	浙江工业大学

从立项的11项课题看，关注了不同层面和对象的创业导向，包括服务业企业的创业导向、家族企业的创业导向、新创企业的创业导向、技术创业导向、非营利组织的社会创业导向、企业家的创业导向、跨国创业导向等。同时，也涉及了不同的组织变量，包括社会资本、家族涉入、双元能力、高管团队特征、企业家能力、企业动态能力等。说明国内对创业导向的研究日益广泛和深入。

2.4.2 中国知网的近5年重要创业导向相关的论文（2008~2012年）

经在题目中查询“创业导向”的关键词，共查询在中国知网发表论文

120 篇，其中主要的核心期刊发表于《管理世界》、《中国工业经济》、《科学学研究》、《科研管理》、《外国经济与管理》、《研究与发展管理》、《商业经济与管理》、《管理学报》等刊物上，下面重点介绍发表在管理学公认权威期刊上的几篇论文。

焦豪、魏江和崔瑜发表于《管理世界》2008 年第 4 期的文章“企业动态能力构建路径分析：基于创业导向和组织学习的视角”，以组织学习为中介变量，构建并验证了创业导向与动态能力之间的关系，进而总结分析出企业动态能力的构建与提升路径。在动态能力文献梳理基础上，开发出测量动态能力的 4 个构面：环境洞察能力、变革更新能力、技术柔性能力与组织柔性能力，并通过探索性因子分析和验证性因子分析，表明其具备一阶四因素结构。运用实证研究对结构模型进行验证显示，组织学习在创业导向和动态能力之间扮演了中介效应功能，组织学习对动态能力有显著正效应，创业导向各构面对动态能力有不同程度的间接正效应。最后建议企业应在创新与超前行动性氛围下通过组织个体层、群体层与组织层的存量学习和前馈层与反馈层的流量学习构筑并提升企业动态能力。

盛南和王重鸣发表于《管理世界》2008 年第 8 期的文章“社会创业导向构思的探索性案例研究”，遵循结构行动理论的脚本分析框架，从合法性、胜任性和支配性 3 个方面对 4 家样本企业的行为逐一进行分析，进而对分析结果实施了跨案例比较，发现社会创业导向由企业社会匹配、共赢规则创新和边缘资源整合 3 个两两相关的维度构成。

姚先国、温伟祥和任洲麒发表于《中国工业经济》2008 年第 3 期的文章“企业集群环境下的公司创业研究——网络资源与创业导向对集群企业绩效的影响”，基于网络视角，首先对公司创业的三种资源获取方式进行比较，认为网络资源是公司创业活动受益于企业集群的内在原因；进而对网络资源、创业导向与集群企业绩效的关系进行探索性研究；最后对浙江省集群企业的实证研究表明：创业导向、网络资源均与企业绩效有显著正相关性，网络资源显著提高了创业导向对企业绩效的贡献。

马鸿佳、董保宝、葛宝山和罗德尼・若宁发表于《管理世界》2009 年第 9 期的文章“创业导向、小企业导向与企业绩效关系研究”，基于创业导向和小企业导向的构建维度，研究了创业导向（EO）和小企业导向（SBO）与企业绩效之间的关系以及企业所有者拥有本企业的年限对它们之间关系的作用机理。依据对187份有效问卷的实证研究，得出如下结果：在没有调节因素时，创业导向和小企业导向均与企业绩效呈现正相关关系；在加入企业所有者拥有企业的年限这一调节变量时，样本被分为“6年以下”和“6年以上”两部分，对于6年以下的企业，创业导向和小企业导向均与企业绩效呈现正相关关系，而对于6年以上的企业，只有SBO对改善企业绩效起了主要作用，而EO对企业绩效的作用不明显。

张玉利和李乾文发表于《管理科学学报》2009年第1期的文章“公司创业导向、双元能力与组织绩效”，从理论上论证了组织的双元能力，即机会探索能力与机会开发能力在创业导向转化为组织绩效中所起的中介作用，并通过185份有效样本验证了中国背景下创业导向的独特维度组成，以及双元能力的中介效应。

杜群阳、朱剑光、倪春平和李松鹤发表于《中国工业经济》2010年第9期的文章“国际化企业创业导向：基于二维分析框架的理论与实证研究”，提出了一个“内部研发—外部投资”的创业导向二维分析框架，研究了国际化企业的组织特征、公司治理与创业导向间的关系。该文发现我国企业的国际化程度与创业导向水平总体偏低。得出企业年龄、企业规模、高管年龄、高管任期与跨国创业导向显著负相关；国际化程度与跨国创业导向显著正相关；企业规模、企业年龄与外部投资导向显著正相关；高管任期与内部研发创业导向显著正相关等一系列检验结果。在理论与实证研究基础上，该文提出了我国企业国际化进程中提升创业导向的对策建议。

李雪灵、姚一玮和王利军发表于《中国工业经济》2010年第6期的文章“新企业创业导向与创新绩效关系研究：积极型市场导向的中介作用”，结合创业学、营销学和战略管理相关理论，提出并分析了新企业创业导向的三个维度对创新绩效的不同影响；并运用“战略构念—市场行为—企业绩效”的理论范式，提出并验证了新企业积极型市场导向的市场行为在创业导向作用于创新绩效的过程中的中介作用。研究结论表明，新企业创业导向各维度对绩效的影响作用及方向均不相同；通过积极型市场导向的部分中介作用，创新性维度和先动性维度不同程度地对新企业创新绩效起正向影响，而风险承担性维度则对创新绩效的影响并不显著。

李雪灵、马文杰、刘钊和董保宝发表于《中国工业经济》2011 年第 8 期的文章“合法性视角下的创业导向与企业成长：基于中国新企业的实证检验”，从合法性相关研究出发，提出主动获取的战略合法性行为和客观表现的自洽合法性状态是新企业应该谋求的解决合法性障碍的两种方式，并分析了战略合法性和自洽合法性在创业导向与成长绩效间的作用机制。研究证实企业战略合法性在解决创新和先动行为实施带来的市场认同缺陷和顾客接受偏见中的作用，从合法性视角打开了企业创新、先动行为与成长过程的黑箱；而企业自洽合法性为企业创业导向战略促进企业成长提供了良好的市场接受和认可的企业背景和环境。

胡望斌和张玉利发表于《南开管理评论》2011 年第 1 期的文章“新企业创业导向转化为绩效的新企业能力：理论模型与中国实证研究”，该文基于演化经济学、战略理论和组织理论，认为新企业从创业导向到组织绩效，中间需要一定的转化路径与能力支持，并提出新企业能力构念，构建了“创业导向—新企业能力—新企业绩效”模型，并通过 150 份有效样本验证了中国背景下新企业创业导向和新企业能力的维度构成以及与新企业绩效的关系，发现新企业创业导向与绩效之间的环境敌意性和环境动态性的调节作用，以及新企业能力的显著中介效应。

蒋春燕发表于《南开管理评论》2011 年第 3 期的文章“高管团队要素对公司企业家精神的影响机制研究—基于长三角民营中小高科技企业的实证研究”，基于汉布里克高管团队五要素的框架，以长三角七个国家级高新技术开发区 220 家民营中小高科技企业为被试对象，对高管团队各要素以及要素组合对公司企业家精神的作用机制进行实证研究。结果表明，高管团队首席执行官变革型领导行为、高管团队冒险倾向、行为整合、长期激励报酬以及责任分散都对公司企业家精神有显著的促进作用；而且高管团队长期激励报酬还与冒险倾向和行为整合有交互作用。

同时，国外学者基于中国背景的研究也揭示出创业导向的一些独特之处。例如，唐志和汤津彤（Tang Zhi and Tang Jintong，2012）研究发现创业导向和企业绩效在中国背景下呈现倒 U 形的关系。建立在麦尔斯和斯诺（1978）战略研究框架和斯科特（Scott，1995）国家制度框架的基础上，假设预见者（prospector）和分析者（analyzer）战略与创业导向的协调能更好地从风险承担、超前行动和创新战略中受益。来自中国的 155 份中国中小企业案例佐证了这两种战略对倒 U 形曲线的消减作用，而防御者战略（The defender strategy）则强化了这一曲线效应，但这一调节效应并不显著。分析者战略，一个独特的预见者和防御者战略的组合，防御了已存在的产品线和市场利基，同时能够及时反映竞争者的新产品发展战略，也就是通过渐进式创新渗透进新的市场（Miles and Snow，1978）。与超前行动导向的预见者战略和保守导向的防御者角色不同，分析者战略适应了中国新旧环境的需要，特别适应于中国转型经济的背景企业生存需要（Tan and Tan，2005）。这一混合型战略提供了双重利益：效率导向战略增强了企业的已有能力，能够维持低成本和目前的利基市场，产生了足够的现金流。同时，创新战略扩大了企业的视野，利用新环境产生的新机会。近来的实证研究证实了这一假设。

第 3 章

双元能力的研究进展

3.1 双元能力的研究意义

在日益动态复杂的环境下，成功的组织体现出了既能够有效地运作当前的事业，又能够主动地适应明天要求的特征。邓肯（1976）首先使用了“双元”（Ambidexterity①）这个词来形容这样的组织能力。

学者们对这样的组织能力使用了不同的名称，如减少变异（variation-reducing）与增加变异（variation-increasing）、协作导向（alignment-orientation）与适应导向（adaptation-orientation）等。玛奇（1991）使用了探索（Exploration）与利用（Exploitation）来描述这样的能力。探索能力涉及搜索新的组织实践，以及发现新技术、新事业、新流程和新的生产方式等的活

① 这个词来自于拉丁语 ambos（both）和 dexter（right），指的是组织同时或同步追求两种互有联系又互有冲突的目标。

动，用于满足新出现的顾客与市场需求；利用能力包括从事效率、复制、选择和实施等的活动，能够拓宽组织已有知识和技能，改善已有的设计，并提高已有产品和服务的性能以及已有销售渠道的效率等①。

从组织双元能力的结果看，最终是要达到对内外部环境的适应性，这是与国内外学者对组织柔性的研究目的相一致的。在 Webster 词典中，柔性一词被定义为“对新的、不同的、变化的需求的适应能力”。卡斯特和罗森茨维克指出，在复杂动态且完全不可预测（强竞争）的环境中，最佳的组织应该是柔性组织，即采用非常规技术，保持战略柔性，有机结构，并发展创新文化②。

20 世纪 90 年代初创下美国企业亏损纪录的“蓝色巨人”IBM，怎样又用短短三年时间成为一个巨额赢利的互联网企业？IBM 企业重构的成功秘诀：以实施柔性管理为特色的企业流程再造。质量是 80 年代企业成败的关键，而把客户真正当做合作伙伴的团队销售是当今时代企业成败的关键。但旧的垂直式层级管理体制显然不能适应以满足客户为中心的企业战略的需要。按照旧的组织架构，在某一组织机构中有固定位置的人只能在该位置上执行固定的职能，无论这种职能是否对满足客户需求有利。但是，在新的组织机构里，当一个市场机会出现时，在某一组织机构中有固定位置的人便会以其专长进入项目工作小组，并在其中扮演团队成员的新角色，与其他小组成员形成虚拟团队协同工作，直至小组任务完成为止。这种以柔性管理为特色的虚拟团队，在 IBM 里头又被称为“市场机会管理流程”。IBM 把公司有限的资源集中到最能有效创造客户价值的市场机会中。首先，公司会对进入系统的市场机会通过市场管理流程进行精选，一旦一个机会被选中，就将其纳入流程，相应人员便开始进入流程角色。这些角色包括：机会发现人、机会评判人、机会顾问、机会负责人、机会业务经理、项目建议书设计小组负

① 参见张玉利、李乾文，《创业导向、公司创业与价值创造》，南开大学出版社，2009，第 82～88 页。

② 参见［美］弗莱蒙特·E·卡斯特、詹姆斯·E·罗森茨维克，傅严、李柱流译，《组织与管理——系统方法与权变方法（第 4 版）》，中国社会科学出版社，2000。

责人、项目建议书及解决方案框架设计团队、质量控制人、项目实施团队、项目小组负责人、客户反馈收集人和资源协调人。

IBM在实施公司重构中下了最大力气、最关键、最困难的就是以客户关系管理主体流程为核心的企业流程再造，也就是IBM公司所称的GRM管理系统。GRM目前在中国的实践和学术研究中均属鲜见，但IBM已有自己成熟的解决方案。GRM由12个企业子流程构成，市场机会管理是其中一个，其他11个流程分别是：市场管理，客户关系管理，技术管理与员工培训计划，信息提供管理，解决方案的设计与交付，客户满意度管理，市场信息管理，供应商管理，知识管理，客户需求管理和业务伙伴管理等。GRM实施的直接结果是各种新的产品源源不断地推出，新的技术成果也不断地迅速转化。最重要的是，公司对市场的反应加快，客户满意度提高。

（摘自，IBM制胜法宝：柔性管理，成功宝典，2004年，http：//www.cnpension.net/index_lm/2008-08-21/481552.html）

IBM公司就是通过市场机会管理流程，把机会探索能力和机会利用能力取得良好平衡的典型代表企业。哈维（Heavey，2009）在其博士论文中更把这样的双元能力称作为双元导向（Ambidextrous Orientation，简称AO）。

关于探索和利用的相互关系，研究中存在两种观点。第一种观点认为探索和利用之间的关系是连续性关系（continuity），两者是连续统一体的两端[①]。玛奇（1991）就明确指出虽然探索和利用对组织的长期发展十分重要，但两者在本质上不相容。因为：第一，探索和利用活动会争夺有限的组织资源。第二，探索和利用活动都有自我强化的趋势。第三，进行两种活动的思维方式和组织路径完全不同。所以尽管两者的同步实现具有巨大利益，但探索和利用活动的相互作用往往以零和博弈的形式出现，交替关系不可避

① 有些学者虽然把探索与利用视作为处于一个统一连续体的两端，却把双元导向视作为单一维度的概念（例如Adler，Goldoftas and Levine，1999；Ghemawat and Costa，1993；Lavie and Rosenkopf，2006）。但目前对其占主导的定义和最准确的定义是多维度的。虽然玛奇（1991）强调探索与利用具有内在的资源冲突和具有不同的管理需求，但玛奇本人强调保持两种类型活动的必要性。既然探索与利用对特定的稀缺资源和关注存在竞争关系，基于特定的矛盾逻辑，因此保持最佳的探索与利用组合将是巨大的挑战。双元导向不但能够帮助克服偏多关注于利用而带来的结构惯性，也能够防止企业偏多关注于探索而导致的劳而无功。

免，双元能力在很大程度上是对交替关系的管理并实现两者之间适度平衡的能力。

第二种观点认为探索和利用之间的关系是正交性关系（orthogonality），探索是宽度而利用是深度。虽然组织资源一般来说是有限的，但并非所有的资源类型都如此，一些资源比如信息和知识不会因为使用而减少，另外，组织不仅可以从内部获取资源还能从外界获取。所有这类研究者认为虽然探索和利用在本质上是不同的活动，但两者是具有正向促进作用的和谐行为，双元能力不是简单地管理交替关系以获得两者的平衡水平，而是指组织应同时追求高水平的探索和利用活动，最大化地实现探索和利用的能力。

处理探索与利用组合上的困难被看做是结构上的挑战。认识到这一点，组织理论学者建议组织只能通过创造分离的单元或部门以满足探索与利用需求解决方案（Duncan，1976；Tushman and O'Reilly，1996），每一单元体现出特定的战略和运营逻辑，文化和激励系统。希姆塞克等人（Simsek，et al.，2009）将两者关系重塑为双元的“分割模式”，企业在不同单元同时追求探索与利用。追求探索的商业单元一般认为是具有小型的、松散和扁平化的组织特征；追求利用的组织单元一般被认为大型和紧密集权型的组织结构。在单元内部必须保持紧密整合，在商业单元之间必须保持松散组合（Benner and Tushman，2003；O' Reilly and Tushman，2004）。跨单元的战略整合需要通过高层管理层面的协调合作来达到目标（Raisch and Birkinshaw，2008）。

然而，通过分割组织结构以创造探索与利用区间得到了组织理论者的支持，但不是所有的学者都相信双极结构是对双元导向是必要的。坚持间断式平衡（punctuated equilibrium）的学者，认为暂时的分割或探索与利用先后实现是有效的选择（Gupta，Smith and Shalley，2006）。作为双元的周期方法（cyclical approach）（Simsek et al.，2009）认为探索与利用在不同的时点上以先后顺序实现平衡，例如大部分时间从事利用工作，而短期内是爆发式的探索活动。虽然有益于有效率的专业化，但周期性的方法难以适应高度动态化的环境，组织没有足够的时间在探索与利用活动之间进行有效转换，因为机会的窗口很短暂。

对应的，情景式的双元，最近被称作和谐式的双元（harmonic ambidexterity）（Simsek et al. 2009），把双元导向视作为行为能力，表现为纪律、延展、支持和信任（discipline，stretch，support and trust）广泛分布于商业单元的所有职能上，每个个体决定着调整和适应（alignment and adaptability）的最佳组合（Gibson and Birkinshaw，2004；Hill and Birkinshaw，2006）。这里的情景指的是“形成组织个体层面的系统、过程和信念”（Raisch and Birkinshaw，2008）。这一观点强调“建立一种商业单元情景，以鼓励个体对如何在调整与适应矛盾需求之间合理分配自己的时间而做出自己的判断”（Gibson and Birkinshaw，2004）。这一观点代表了“能够体现在所有职能部门和层级的跨层级能力，而非双极结构”。不是实行双极结构，高层管理者期望通过制度化跨部门惯例和使用工作丰富化计划等以培养双元导向的情景。

3.2 双元能力的理论基础

3.2.1 组织生态演化理论

组织生态演化理论是将生命进化理论引入到组织发展和生长过程中，主要存在两种流派：基于达尔文主义的推式适应论和基于拉马克理论的拉式适应论。

推式适应论基于达尔文的“物竞天择，适者生存”的进化理论，强调环境推动企业适应的过程是一个连续的渐进性适应过程，它受环境的机会与威胁支配，是自然选择的结果。这一自然选择主要是通过变异、选择、保留与传承，为生存而斗争。组织的存亡取决于组织对环境的适应，即环境对组织形式的市场选择。这一选择过程与生物进化的过程相类似，不同的组织具有可遗传的不同变异特征，当环境选择的压力出现时，具有适应环境特征的组织将存活。

拉式适应论基于拉马克的“用进废退，获得性遗传”的进化理论，强调组织适应性的形成是企业拉动自身适应的过程，这个过程是由企业控制、指导的有目的的连续或非连续过程。企业的适应过程是一个企业与环境间无休止的动态博弈过程，而不只是达尔文式的“随机变异，自然选择”的过程。

事实上，在组织适应性形成的过程中，既有环境推动的适应过程，也存在组织拉动的适应过程，其过程应是达尔文主义和拉马克理论两者的结合。一方面，在组织适应性的演化过程中，由于人的有限理性及组织惯性等的存在，组织在长期变化时，会更多地受环境影响。但是，另一方面，组织是由人所经营和运作的，在经营者理性的指导下，组织对环境会作出主动的预测和反应，把握环境变化所带来的机会，通过主动变异去适应环境的变化[①]。

最近，传统组织生态演化适应论得到拓宽，把跨群体的适应纳入其中。这一新观点承认社会组织也许会在基因和文化两方面得到演化，更多合作型的组织会比缺乏合作型的组织竞争力强。群体层面的适应强调文化选择，也就是从个体到个体思想传承的重要性。最初的人类适应，更多来自于其他人，而较少直接来自于我们的基因。这不是基因盲目的“变异——选择——保留”，而是受信息在跨代传递的社会行为规制的影响。这是组织层面的适应，而非个体层面的适应，将在组织研究中占有重要的地位，将能更准确反映人类的行为灵活性。

3.2.2 组织学习理论

组织学习的概念首先由玛奇和西蒙（March and Simon）于1958年提出。有关组织学习的研究在20世纪90年代急剧增长。组织学习是组织进化的过程，是一种动态的现象。目的在培养组织变革的能力，其理论来源主要来自学习理论及组织相关研究，其动机在增加组织竞争优势，目的在改善组织

① 参见刘洪著，《组织复杂性管理》，商务印书馆，2011年，第83~85页。

绩效。

为了增进组织学习的效率，除了硬件上的设备工具之外，应更重视软件如影响互动程度和知识分享交换的学习态度。这些软件可视为组织学习的特性，有助于领导者加强学习绩效。如果公司拥有吸收能力则代表着它有能力向其他人学习（Dyer and Singh，1998）。当然，一个组织的吸收能力是决定于组织内个别成员的吸收能力。由此，组织吸收能力的发展将会先建立在投资组织中个人的吸收能力发展，与个人吸收能力一样，组织吸收能力会逐渐累积发展。一个组织的吸收能力不只是简单的直接决定于组织和外部环境的联系上，它也决定于组织内跨子单位的知识转移（Cohen and Levinthal，1990）。

学习导向是一套组织的价值，其影响了企业创造和使用知识的倾向，也影响了一个组织积极赞成学习发生的程度，也就是公司对于学习所坚持的最基本的价值观。此价值观影响一个组织是否可能建立一个学习的文化（Sinkula，Baker and Noordewier，1997）。

组织学习是一个持续的过程，用来发展新的想法、创造新的方法和新的流程和帮助成员创造新知识、分享经验与改善工作绩效。而塞班等人（Saban，et al.，2000）认为组织学习对于新产品发展是一项重要的要素，并被视为创新活动的一个关键因素。这是因为创新和新产品发展都需要大量的知识投入和持续的改善来完成，创新和新产品发展也都是高度知识导向的活动，并且也是大部分的公司在愈来愈竞争的环境当中所特别感兴趣的。

组织学习的特性和改善绩效有关，也是管理创新的关键。为了改善学习效果和得到更好的生产绩效，组织需要具备学习倾向或是致力学习的态度和吸收与整合的能力。然而，学习对于绩效的提升并不存在着绝对正相关，必须要有精确有效的知识取得的过程，学习才可以转换成较佳的绩效，所谓的精确和有效的知识取得过程，是指组织有强烈的学习意图且对于新知识有完善的吸收能力和整合能力。

3.2.3 动态能力理论

最近，一些学者开始采纳双元导向的动态能力观点，动态能力观点代表了基于资源观点对动态竞争市场的回应。新熊彼特主义更有利于双元型的研究（Teece，2007）。动态能力，根据艾森哈特和马丁（Eisenhardt and Martin，2000），是指“组织和战略惯例的前提，管理者通过改变他们的资源基础，获得和配置资源，产出新价值的创造战略”。他们代表了“创造，演变和组合其他资源以营造竞争优势的内在动力”。动态能力的核心在于开发已有的内在和外在企业特定能力以应对变化的环境。蒂斯、皮萨诺和炫（1997）认为，动态能力强调了两个方面，一方面是动态性，指的是组织有能力更新其竞争力以保持与变化商业环境的一致，例如变化的市场和技术环境；另一方面，术语能力强调了管理如何适应，整合和重组内外部组织技能、资源和竞争力以匹配变化环境的重要性。

动态能力更具体的术语可以分解为感觉、抓住和转换活动（Teece，2007）。这三种活动特别与解释双元导向与动态能力相关。感觉与识别环境中的机会和威胁相关，需要检测和搜索本地和外地产品，技术和市场的信息，这包含着需要了解潜在的需求，市场的结构化演变和竞争动态的本质（Teece，2007）。在双元型的追求中，感觉在识别探索与利用融合的机会上特别重要。一旦感觉到机会，必须被抓住，或通过新的产品，过程和服务利用。抓住机会，在双元的情景下，就是关于如何做出探索与利用最佳组合的正确决策，付出资源并无缝地执行。最后，抓住也包含转型，也就是重新组合和重新构造资产以利用机会。对于双元，这就意味着运用，协调和整合探索与利用资源和企业的全部知识。

另外，一些学者认为在组织的动态能力构建中，高层管理者具有更大责任（O’ Reilly and Tushman，2008）。就如蒂斯（2007）雄辩地指出动态能力“与高层管理者意识和抓住机会，避免威胁，组合和重组专有或共同专有的资产活动，以应对顾客的需求，保持和增强演化中的适应能力”。虽然动态能力只是最近被强调，但学者们早已认识到高管团队在双元导向中所发挥的重要作用。例如，对于结构视角而言，高管团队在协调和整合探索与利用商业单元中起着重要的整合作用。对于情景视角而言，高管团队有责任营造有益于平衡调节和适应的和谐环境。更为直接的，从高管团队的视角，一些学者开始检验双元导向的高管团队前置因素。史密斯和图什曼（Smith and

Tushman，2005）认识到探索与利用并列的逻辑需要高层管理者具有处理悖论的认知框架。悖论框架“创造了一种处理不一致事物的认知过程基础”。高管团队共享悖论框架而避免矛盾，认真的团队设计和支持性的领导指导将有利于高管团队悖论框架的形成。

其他一些关于双元导向的高管团队前置因素的研究更多关注于行为而非认知过程。例如，在一项中小企业的研究中，鲁巴特英等人（Lubatkin，et al.，2006）研究发现行为上整合的高管团队通过信息共享，共同决策和合作问题解决，能够协调矛盾的信息过程和协调探索与利用的需求。詹森等人（Jansen，et al.，2008）发现高管团队成员共享远景和团队得到了权变报酬能更好追求双元导向战略。

奥吉尔和蒂斯（Augier and Teece，2009）强调“具备这种双元范式的管理者，在识别和捕捉新的战略机会上，在调动必要的互补资产和其他组织资产，在创新商业模式和新的组织形式上扮演必要角色”。在感知机会上，对于管理团队的挑战在于如何克服与已建立心智模式，信念和问题解决相关的突破既有狭窄的搜索路径。感知机会对于双元导向情景下的高层管理者非常困难。一些研究发现高管团队在感知新机会，特别是对于不熟悉的领域非常缓慢（Burgelman，2002；Gilbert，2006；Tripsas and Gavetti，2000）。特别是，杰克逊和达顿（Jackson and Dutton，1988）观察到对于管理者而言，感知到的威胁比机会要大。同时感知机会需要高管团队有利学习，挑战现状，接受失败，提供整合和转移知识的氛围。抓住机会需要管理者发展关于战略意图的共识，特别重要的是避免路径依赖而窒息创新的过程（Daneels，2008；O'Reilly Ⅲ and Tushman，2008）。在转换与重构资源和资产以抓住机会和应对未知的市场条件，必须架起组织探索与利用活动的桥梁。重要的是，核心的任务是不要分割或先后排序探索与利用活动，而是如何把两种活动统一到企业的价值提升活动中。

虽然动态能力的观点特别强调高管团队支持双元导向的重要性，但是目前仍然缺乏清晰的说明特定的管理特征或属性，是如何形成和影响机会感知和获取的。由于差异化的高管团队组织能力会创造不同的资源组合和不同的战略决策（Eisenhardt and Martin，2000）。动态管理能力由三个重要的因素组成：管理性的人力资本，管理性的社会资本和管理认知。根据艾德纳和赫尔法特（Adner and Helfat，2003），每一个管理属性提供了观察在相同管理环境下不同管理评估和决策的理性，特别是这一概念帮助我们理解为什么公司战略在企业间存在的差异性。

3.3 双元能力的最新经典文献评述

3.3.1 国外关于双元能力的研究路径探索

组织的双元型已经成为组织研究领域的一个新的研究范式，然而几个基本和核心的问题仍在争议过程中，雷斯奇、伯金肖、普罗斯特和图什曼（Raisch，Birkinshaw，Probst and Tushman，2009）对于《组织科学》（organization science）特刊文章进行了综述，并提出了未来的研究路径。

3.3.1.1 组织需要通过差异化还是整合实现双元化?

安德里波勒斯和刘易斯（Andriopoulos and Lewis，2009）的文章"Exploitation-exploration tensions and organizational ambidexterity：Managing paradoxes of innovation"展现了探索与利用冲突的综合模型和他们的管理。基于产品设计行业双元企业的多案例研究，作者展示了三个互为嵌套的创新悖论：战略意图、顾客导向和人员驱动。贡献于"差异化——整合冲突"，揭示了企业如何使用整合和差异化的混合策略来管理探索与利用悖论，并且发现混合了两种策略对于激发良性的循环是至关重要的。

曹等人（Cao，et al.，2009）观测到仍旧有关于组织双元型的模棱两可的概念。作者打开一个维度的构面，变为平衡维度和组合维度。平衡维度指的是企业的战略导向对应于探索与利用活动的相对平衡，组合维度对应于他们的组合性。作者发现与每个的独立影响结果不同，两个维度的双高组合产生较高的协同效应。他们也发现平衡维度有利于资源约束的企业，而且组合维度有益于资源丰富的企业。强调“差异化——整合冲突”，发现显示已有知识和新知识的紧密连接将促进双元型。允许已有的资源充分应用到获取新的能力可以获得协同效应，允许新的知识充分整合进已有的资源池也可以取得协同效应。因此，差异战略必须与整合战略共同作用才能产生双元的潜力。

詹森等人（2009）认为结构化的差异化能够帮助双元组织保持多元化的不一致和矛盾需求。然而，这些差异化的活动需要调动、协调、整合和应用。作者阐述了正式和非正式的高管团队整合机制，以及正式和非正式的组织整合机制，检验了他们如何中介了结构化差异化和双元型的关系。评估差异化和整合的冲突，证实非正式的高管团队和正式的组织整合机制对于双元型的整合作用。

雷斯奇和图什曼（2011）探索了试图在组织中对于探索与利用的差异和整合本质。他们在一项对6个新商业活动的追踪研究中，发现企业对冲突边界活动的动态管理过程。差异化单元的边界被强化以应对探索与利用活动，而公司边界联络整合了这些过程。当商业活动达到了经济与认知的合法性，整合的核心在于从公司团队达到低级的组织层面。他们使用这些见识修正了组织的双元概念，考虑仍未开发的管理悖论及其核心本质等。

3.3.1.2　双元型发生在个体层面或是组织层面?

关于个体层面的双元型研究。伯金肖和吉布森（2004）通过调查，识别出四种双元型个体行为：第一，个体总是保持积极主动，敏锐的留心工作以外的机会；第二，个体强调合作，并寻找机会与他人联合；第三，个体经常扮演“中介人”的角色，寻求建立内部联系；第四，个体通常能够并愿意承担多项任务。他们还归纳出双元型个体的三种共性：第一，个体兴趣宽泛，承担本职工作以外的工作，使内部利益最大化；第二，个体能力强并受到充分的激励，经常会自发地采取行动，而不需要寻求主管支持；第三，鼓励个体追求与企业整体战略相一致的新机会。

安德里波勒斯和刘易斯（2009）同时评估了“个体——组织的冲突”，

这一研究显示了不同组织层面创新的悖论。战略意图悖论发生在企业层面，顾客导向悖论影响项目层面的努力，员工动力悖论影响个体的知识员工。他们总结到企业需要管理不同层面的创新悖论，以及跨层面的交互作用以增强双元实践。

詹森等人（2009）认为整合不光发生在高管层面，而且发生在正式和其后的跨单元界面。对于“个体——组织冲突”，他们发现或者通过个体或是正式的组织实现机制。在公司层面，双元组织鼓励高管团队社会和非正式整合，在组织的较低层面，双元更多通过正式的跨职能界面实现。

玛姆、范登博世和傅博达（Mom，Van den Bosch and Volberda，2009）发现目前对个体层面的双元能力分析和理解是相当薄弱的。作者通过调查管理者的双元强调了管理者的双元型。发现管理者的决策权威与双元型正相关。关于个体协调机制，指出管理者对跨职能界面和与其他组织成员的连接与双元型紧密相关。对于“个体——组织冲突”，发现证实了管理者能够采取双元型的行动。并且，组织正式机制被发现正向影响管理的双元型。

玛姆等人（2009）关于个体层面双元型的研究，发现先前的研究关注于企业和商业单元层面的双元型，而关于个体层面的双元型概念和实证研究都非常缺乏。该文强调了探索管理者双元型这一理论空白，传达了三方面的理论贡献：第一，建议了三种相互联系的双元型管理者特征；第二，发展和验证了正式结构和协调机制对管理者的直接和交互作用；第三，通过716份商业单元样本验证了运营层面双元型的系列假设。

3.3.1.3　双元型内部产生，或是需要必须外部化的过程？

罗瑟曼尔和亚历山大（Rothaermel and Alexandre，2009）在其论文“Ambidexterity in technology sourcing：The moderating role of absorptive capacity”中认为当搜寻技术时，企业的组织和技术边界是两个重要的影响因素。对于应用双元视角的技术外取战略，作者假设企业的技术外取组合和绩效呈现非线性关系。进一步提出企业的吸收能力起着重要的调节作用。他们通过实证使用随机多产业美国制造业样本检验了这些假设。其贡献在于“内部——外部冲突”，发现技术外取战略不仅需要由于同时追求探索与利用而导致的内部取舍问题，还有与外部技术获取上的取舍问题。仅仅过度依赖于内部或外部的技术获取只能带来恶化的企业绩效。为了协调双元型的好处，管理者必须积极对来自内部和外部技术来源的溢出效应有效管理。而这样的管理能力则取决于组织的吸收能力。

3.3.2　强调管理层面双元能力的重要性

3.3.2.1　管理者的双元型

玛姆等人（2009）研究发现关于正式结构机制，管理者的决策权威与管理者的双元型正相关，管理者的任务形成与管理者的双元型不相关。关于个体的协调机制，发现管理者的跨职能界面和管理者与其他团队的连接与其他团队成员正相关。而且，结果显示正式结构和个体协调的交互作用对于管理者双元的正向作用。该文的理论和实践贡献增加了我们对管理者双元和不同的协调机制及反组合对管理者双元型的理解。

第一，双元型管理者的内在冲突（Smith and Tushman，2005；Tushman and O'Reilly，1996）。先前的研究指出双元型管理者处理冲突的重要性（Duncan，1976；Floyd and Lane，2000），和从事悖论式思考的重要性（Gibson and Birkinshaw，2004；Smith and Tushman，2005）。案例显示双元型管理者既有搜索新市场和技术需求的特征，也有对强化已有“产品——技术市场”地位强化的特征（Burgelman，2002；Tushman and O'Reilly，1996）。他们审慎地考虑已有的目标、信念和决策，并时常重新考虑他们（Ghemawat and Ricart I Costa，1993；Rivkin and Siggelkow，2003）。他们同时具有识别和追寻短期和长期导向的意图（O'Reilly and Tushman，2004）。

第二，双元型管理者是多任务者。例如，在一个特定时期内，他们履行多种角色和从事多元化任务（Birkinshaw and Gibson，2004；Floyd and Lane，2000）。与此相关，作者指出双元管理者往往是通才而非专才（Birkinshaw and Gibson 2004；Leana and Barry，2000）。文献指出双元管理者的这一特性可以使他们从事与多任务角色相关的竞争力重新定义与重新布局角色

(Floyd and Lane，2000)，从事日常和非日常的活动，从事创造性和集体性的行动（Sheremata，2000)，典型地从事他们日常工作范畴之外的活动(Gibson and Birkinshaw，2004)。

第三，双元型管理者经常更新他们的知识、技能和专能（Floyd and Lane，2000)。先前的研究指出双元管理者获取和处理不同知识和信息的重要性（Floyd and Lane，2000；Sheremata，2000)。案例显示双元管理者从事效率提高型和变革增加型的同时活动（Holmqvist，2004)，处理和同时获得隐性知识和显性知识的活动（Lubatkin et al.，2006)，从事本地和外网络搜索知识和信息的活动（Subramaniam and Youndt，2005)。

个体协调机制对管理者双元的直接作用。除了正式的结构协调机制，文献也强调了个体协调机制特征的重要性。这样的协调机制包括组织成员间的协调，跨部门层级的协调，也包括直接、联络角色和团队的重要性（Galbraith，1973；Martinez and Jarillo，1989)。联络角色、任务小组和团队与正式接触相比，是更正式的个体协调机制（Gupta and Govindarajan，2000)，在这一研究中，他们考虑了两类参与到跨职能界面的个体关系，例如联络角色、任务小组和团队（Gupta and Govindarajan，2000)，与其他组织成员的直接接触的管理者连接（Jaworski and Kohli，1993)。

管理者在跨职能界面的参与。跨职能界面的连接包含了并行的整合机制，例如联络角色、任务小组和团队（Galbraith，1973；Gupta and Govindarajan，2000)。跨职能界面管理者的参与增加了与其他不同职能、单元和层级的联系（Galbraith，1973)。这些管理者可能与已有的战略、目标、兴趣、时间点、核心价值观和情感诉求不同（Floyd and Lane，2000)。因此，除了带来他们自己的专业化知识和技能，代表他们自己特定群体的利益，管理者参与到跨职能团队也不得不对于自己群体外进行思考，例如，他们必须理解和考虑其他管理者的利益、视角、信念和价值观（Duncan 1976；Floyd and Lane，2000)。

而且，跨职能的界面增加了不同单元管理者的信任（Galbraith，1973)，这是对于管理者而言重要的情景因素，如何做好效率和灵活性之间的取舍。跨职能界面创造了一个不同背景的管理者合作与相互学习的情景（Gibson and Birkinshaw, 2004)。与此相关，邓肯（1976）指出跨职能界面的参与能够让不同来自组织单元和层级的不同目标、需求和利益的参与者解决矛盾的冲突和问题。跨职能部门的管理者参与也能够促进知识交流和交换的机会（Egelhoff, 1991; Gupta and Govindarajan, 2000)。跨职能界面也可以为重塑他们的已有知识提供机会。这些界面提供了关于技术、过程或市场最佳实践的认知机会，允许管理者重塑他们的专业技能（Jansen et al., 2005)。同时，跨职能界面的参与增加了了解与原有行业不相关知识的机会（Ghoshal and Bartlett, 1988)。

与其他管理者的连接。管理者的连接指的是管理者与其他跨层级组织和不同组织单元的直接接触（Jaworski and Kohli, 1993; Sheremata, 2000)，即管理者直接接触网络的密度与大小（Jaworski and Kohli, 1993; Sheremata, 2000)。管理者直接接触网络的增加直接与管理者识别和获取探索与利用知识相关（Nahapiet and Ghoshal, 1998; Subramaniam and Youndt, 2005)。管理者通过使用获取多元和新知识的网络，直接增加了发展新竞争力的机会（Floyd and Lane, 2000)。增加了渐进式创新的机会（Subramaniam and Youndt, 2005)，增强了已有利益或决策的机会（Rivkin and Siggelkow, 2003)。

增加的直接个体接触机会密度与管理者获取和理解复杂和模棱两可知识的机会相关，增加了互相、非日常信息交流的可能（Daft and Lengel, 1986)。这些特性增加了管理者减少探索任务模糊的属性（Lubatkin et al., 2006)。同时，增加的接触机会增加了网络间的信任和合作，减少了网络中发生冲突的可能（Adler and Kwon, 2002)，这些可以直接促进新知识的利用和创新的执行（Sheremata, 2000)。

3.3.2.2 首席执行官（CEO）的社会资本与双元型组织

首席执行官（CEO）是影响组织最重要的人物（Henderson, Miller, Hambrick, 2006)，CEO 在组织内外所具有的社会关系网络也对组织的战略确定起着举足轻重的作用。纳哈佩特和戈沙尔（NahaPiet and Ghoshal, 1998）认为，社会资本是镶嵌在个人或社会个体占有的关系网络中的、通过关系网络可获得的来自于关系网络的实际或潜在资源的总和。一般将社会的资本划分为社会强关系网络和社会弱关系网络，因此，首席执行官也镶嵌在这两种社会关系网络中。信息理论认为组织能够准确及时的获得、处理和发布信息时，就可以提高绩效（Galbraith，1973）。首席执行官在很大程度上也是通过社会关系网络来获得并处理信息的。中国社会的文化讲究人与人之间的“关系”（Park and Luo，2001）。通过构建与其他人、其他组织相互信任、长期互惠的关系网络，从而保证利益的实现。创业型企业依然很重视这种关系网络，通过对关系网络的应用，增强企业获得信息的能力，从而增强企业的双元型。

（1）首席执行官的社会强关系网络与双元型组织

首席执行官的社会强关系网络是指与首席执行官具有紧密联系和亲密关系，并能经常交流和沟通的个体或团队，包括企业内的员工、亲戚、朋友。首席执行官的社会强关系网络是其资源和信息的流通渠道，影响着企业资源和信息流动的速度与数量。首席执行官的社会强关系网络越强，就可以使其产生更大的信息优势，有利于企业双元导向。

首席执行官的社会强关系网络意味首席执行官认识组织内的不同层次和不同部门的员工。首席执行官与他们的关系越紧密，意味着关系网络越强，这种强关系网络有助于企业从上到下信息传递的及时和准确。从信任角度来看，复杂关键的技术知识只有在这种社会强关系网络中才可能共享，而且强关系网络有助于加强员工的信任和感情。首席执行官在企业的中心地位，使得他可以获得更多企业的信息，有助于首席执行官更好地利用企业现有的资源和技术，进行改进型创新。此外，首席执行官的社会强关系网络也有利于企业的探索型创新（Katila and Ahuja，2002）。研究表明整合从不同部门的知识和资源可以导致新的发现。不同层次和不同部门的员工掌握的信息不同，对信息有着不同的偏好，对信息的思考方式也不同，首席执行官可以利用自己的便利集中所有可能得到的信息，与员工进行交流以及头脑风暴，构建对组织资源新的组合，产生在全新的领域运用组织资源的新知识，进行探索型创新（Nahapiet and Ghoshal，1998）。

通过上述的理论分析，可以发现首席执行官的社会强关系网络对创业型企业双元型组织的建立可能具有积极作用，由此本研究得出以下假设：

首席执行官的社会强关系网络将有利于创业型企业双元型组织的建立。

（2）首席执行官的社会弱关系网络与双元型组织

首席执行官的社会弱关系网络往往是指与专业服务机构和政府部门形成的网络，也包括通过偶然的非频繁性的相识而构建的关系网络，这种关系往往是不密切的。由于竞争的关系，首席执行官与竞争对手的联系不会很紧密和频繁。首席执行官的社会弱关系网络往往包括供应商、客户、竞争者、研发合作伙伴、行业管理机构、银行和政府机构等。

首席执行官的社会弱关系网络也有利于企业的双元导向。从企业外部来讲，首席执行官和顾客、供应商有紧密和广泛的联系，首席执行官可以从顾客和供应商那里获得及时有效的公司产品和战略反馈（Cao et al.，2006；Collins and Clark，2003）。为了维护和顾客、供应商的合作关系，满足顾客的要求，首席执行官会根据顾客、供应商提出的意见和建议，联合高管团队对产品的现状进行思考。在现有技术路径不变的前提下，对产品进行更新换代，对其功能进行改变，进行改进型创新。单从企业的绩效指标，如销售额、财务指标等只能看出企业自身产品的情况，但从竞争对手那里可以了解到现有市场的变化，不同的管理模式等，这些都有助于首席执行官思考多种管理模式，根据新的信息，对现有的知识和能力等进行创新思考，进行改进型创新，有助于期待现有的技术路径不变的前提下，获得更好的竞争优势。

由于中国的经济处于转轨时期，市场机制尚未完全建立起来，全国市场不统一，比如说，有很多稀缺的资源还是由政府调控，在市场经济下，指导和制约企业活动的法律法规尚未成熟等等，创业型企业需要比国有企业或集体企业付出更多的努力建立关系网络以获得发展所需的资源以及抵消制度不确定性所带来的负面影响。创业型企业可以在短期得到回报，有利于当地经济的发展，会得到政府和银行的支持。因此，首席执行官的社会弱关系网络有利于创业型企业进行改进型创新。

此外，首席执行官通过加强与科研机构的合作，可以从研发合作伙伴那里获得最新的技术和更有价值的信息，同时也可以从竞争对手那里得到最新的市场动态，了解新的信息；从供应商那里了解未来的供应状况，从客户那里知道潜在的需求变化，帮助首席执行官和高层管理团队打破思维定势，将新信息和现有资源相结合，产生新的知识，有利于企业进行探索型创新。通过上述的理论分析，可以发现首席执行官的社会弱关系网络对创业型企业双元型组织的建立可能具有积极作用，由此本研究得出以下假设：

首席执行官的社会弱关系网络将有利于创业型企业双元型组织的建立。

3.3.2.3 管理团队双元型的重要性

詹森、泰姆泼拉阿、范登博世和傅博达（Jansen，Tempelaar，Van den Bosch and Volberda，2009）发现先前的研究已经强调了结构属性对于同时追求探索与利用战略的重要性，然而对于双元能力的前因影响要素还知之甚少。结构性双元能够帮助双元组织保持多样化的不一致和矛盾需求，然而，差异化的探索与利用活动需要调动、协调、整合和应用。基于这一思想，可以使用非正式和正式的高管团队整合机制（例如权变的报酬和社会整合）和正式或非正式的组织整合机制（例如跨职能部门和联接）。研究发现结构差异化到双元型的直接关系需要通过非正式的高管团队（例如高管团队的社会整合）和正式的组织整合机制（例如跨职能联接）作为中介，在组织如何有效地追求探索与利用同时达到双元型以得到了更清晰和更好的理解。如图 3－1 所示，显示了结构差异化要素与组织双元型的关系。

跨组织单元的探索与利用努力的协调与整合对于取得双元型是重要的步骤（Gilbert，2006；Smith and Tushman，2005；Tushman and O'Reilly，1996）。就像奥赖利三世和图什曼（2007）建议的："这里的核心任务不是简单的探索与利用子单元分离组织决策，却是如何把这些单元整合到一个价值的增值过程中。"对于在不同单元探索与利用活动的追求会导致区别的运营能力或是分散的竞争力（Gibert，2006）。需要组织有效地执行日常的活动与产生所期望的结果。然而，这些独特的竞争力如果形成必须能够被有效

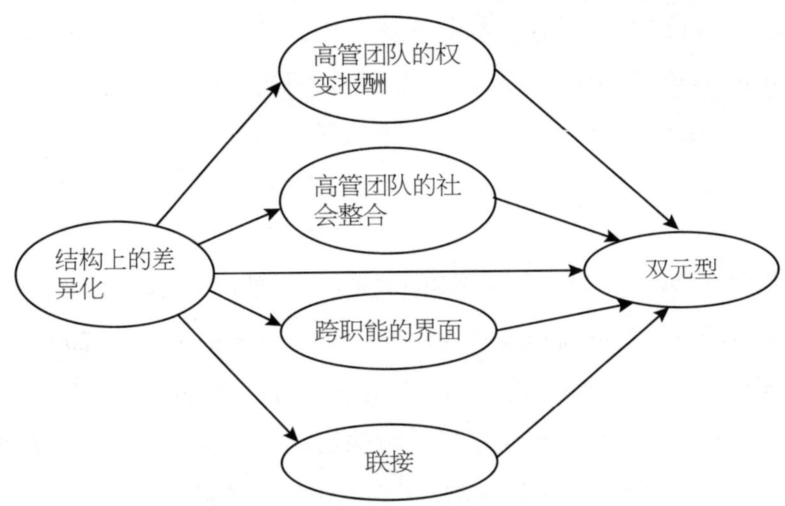

图3-1 结构差异化与双元型

资料来源：Jansen，J. P.，Tempelaar，M. P.，van den Bosch A. J.，Volberda，H. W. Structural differentiation and ambidexterity：The mediating role of integration mechanisms. *Organization Science*，2009，20（4）：797-811.

地分配，调动和整合产生新的探索与利用式创新组合。这样组合的获得与实施以及双元能力的取得需要新的组织逻辑和集体的交互作用。动态能力理论认识到其重要性，认为动态能力蕴藏于组织独特的组织整合、构建和能力组合以及跨边界的柔性中，是长期战略优势的基础（Eisenhardt and Martin，2000）。

相应地，相关研究把双元和动态能力框架联系起来，组织双元型指的是组织动员、协调和整合分散的探索与利用努力，分配、再分配、组合与再组合跨部门的资源和资产的组织惯例与过程。组织的双元型是一种创造价值与新组合的动态能力，这种能力通过产生和连接以前未连接的想法与知识或是用新的路径重组先前的知识。例如，扬西蒂和克拉克（Iansiti and Clark，1994）认为不是在不同领域产生详细的知识（例如探索与利用单元的运营知识）是主要的，但更重要的是使用构造知识产生新的知识属性以满足多种矛盾的顾客需求。

因此，结构化组织单元在探索与利用活动上的共同存在并不保证对于探索与利用创新的同时追求。获得双元型创造了一种悖论的状况，因为短期的效率和利用单元的控制特性，与长期扁平化探索单元的试验属性很不相同（Floyd and Lane，2000）。当区分探索与利用努力，组织需要在不同空间单元次序建立协调和整合运营能力的整合机制。因此，为了解决这些悖论条件，调动、整合和布局探索与利用运营能力是提升价值和获得双元型的必要步骤。

组织双元型作为动态能力在产生和独特性上是路径依赖的，然而，又展现出共同的特征（Eisenhardt and Martin，2000；Jansen et al.，2005）。分析这些共同特征包含了独特的整合机制，例如高管团队的整合，跨职能的界面，每一个提供了处理结构化差异的特殊路径。研究建议了相应的整合机制：（1）高管团队对应组织；（2）正式对应非正式整合机制作为组织双元型的共同特征。首先，先前的研究指出高管团队的独特角色和组织整合机制在取得双元型上的重要作用。高管整合机制需要允许对于稀缺资源的分配，以及把探索单元与已有的竞争力和技能分离（Gilbert，2005），仍然需要建立跨部门和已有利用单元的战略协调（Jansen et al.，2008；Tushman and O'Reilly，1996）。

另外，组织整合机制需要使得双元组织能够在自治的探索与利用单元间灵活评估和整合知识资源（Galunic and Eisenhardt，2001；Gilbert，2006）。基于一定的整合机制包含了丰富和更高的信息处理能力的假设，先前的文献区分了正式和非正式的整合机制（March and Simon，1958）。正式整合机制意味着通过已建立的机制和界面进行协调和整合差异化的活动。非正式的整合机制，则指的是具有社会属性，被发现对于跨部门的界面产生影响（Galbraith，1973）。为了揭开组织如何调和矛盾的需要获得双元型，就需要检验这些正式与非正式因素如何发挥作用。

高管团队的中介整合作用。双元组织中的高管团队经常面临着角色冲突而减小决策的可接受度（Jansen et al.，2008；O'Reilly and Tushman，2004）。特别是高管团队负责不同的探索与利用单元，冲突的可能性就会提高（Tushman and O'Reilly，1996）。结构性的差异化能够提高高管成员为了争夺稀缺资源分配而产生的自利行为。双元组织中的高管团队因此需要认知到，差异化的探索与利用单元存在的不同的、模棱两可和冲突的期望如何凝聚成可共同工作的战略。解决高管团队的这一冲突对于组织有能力创造整合和综合的价值，取得双元目标是很重要的（Teece，2007）。然而，检验高管团队所起的中介作用将有利于组合战略冲突：正式的高管团队权变报酬和非正式的高管团队社会整合（Jansen et al.，2008；Lubatkin et al.，2006；O'Reilly and Tushman，2004；Smith and Tushman，2005）。

高管团队的社会整合。社会整合反映了对于群体的吸引，与群体中其他成员的满意度，以及群体成员间的社会交往的多层面现象。社会整合的高管团队与增加的谈判、妥协和合作密切相关（Barkema and Shvyrkov，2007）。社会整合化的成员不但期望努力工作去认知和抓住机会，同时也平衡跨探索与利用单元的不同运营能力。社会整合可以增加合作性的问题解决（De Cremer et al.，2008），有助于高管执行者建立对于关键偏好和冲突角色的现实理解。在这种情况下，可以提供制度化的解决冲突的战略程序平台。

高管团队的社会整合可以有益于调动和整合不同单元的营运能力以达到新的探索与利用活动组合。社会化整合可以中介结构化差异和双元型，可以激发解决不同冲突目标的替代方案，以产生决定新产品或服务的新组合。

第一，高管团队的社会整合在结构差异化和双元型之间起中介作用。

组织整合机制的中介角色。高管团队的整合机制能够为双元组织平衡资源分配和战略一致性，组织整合机制有利于知识交换和不同探索与利用单元的组合（Tsai and Ghoshal，1998）。通过把差异化的技能和经验进行整合和组合，双元组织能够增加或去除产品子系统或是改变决定不同探索与利用子系统的链接。因此，能够同步、保持和进一步建立探索与利用同步创新的组合（Tushman et al.，2006）。

组织的整合机制不但有利于通过连接先前或不连接的知识来源创造新的价值（Cohen and Levinthal，1990）。而且通过提供机会利用共同资源获得跨探索与利用单元的协同效应（O'Reilly and Tushman，2007）。利用单元的已有知识来源需要重塑、重解，探索需要改变组织的战略或环境，都表明整合努力的重要性。我们考虑了两个与知识组合或整合有关的组织整合机制：正式的跨职能界面（Lawrence and Lorsch，1967）和非正式的社会联系或联接（Jansen et al.，2006；Tsai and Ghoshal，1998）。

双元组织可以使用跨职能界面例如联络人员、任务团队和团队组织促进探索与利用单元之间的知识交换。跨职能的团队和任务团队能够把决定创新的不同专家组合组织起来。他们往往因为空间上的分离而产生了不同的学习模式。决定现在产品或服务的知识来源由于缺乏探索单元的资产或是互补知识而利用不足。跨职能的界面有利于不同组织的成员取得共同的背景框架以建立理解和共识。吉尔伯特（Gilbert，2006）的研究就显示出某一报纸媒体组织如何使用跨职能界面和任务小组克服差异，解释问题，建立起对于跨报纸媒体（利用）商业单元和网络出版（探索）商业单元悖论的认知框架。来自双方的组织成员通过任务小组或是跨职能界面而组织起来。

这代表了一种灵活的正式安排，因为当特定任务完全可以被重新分配新的任务。另外，联络人员负责解决探索与利用之间的差异性，进而克服争议和减少组织目标的模棱两可。跨职能界面提供了通过保持运营能力和学习多种新方法以获得双元的平台。因此，跨职能界面有利于知识资源的产生和重组，从而获得解决探索与利用单元矛盾结构和过程的办法（Gilbert，2006）。进而得到如下假设：

第二，跨职能界面在结构差异化和双元型之间起中介作用。

联接关注的是企业整个社会网络的密度（Sheremata，2000）和有利于知识交换。联接对于共享知识和语言的产生是重要的，可以提供组织成员理解分散的经验、知识和背景从而转移和整合新想法的共同平台。紧密的双元组织社会网络挑战探索与利用的单极化倾向，减少了目标的冲突，保证了单元边界间的连接。增加的互动激发了探索与利用单元成员创造合作解决问题获得共赢局面的机会。

纳尔逊（Nelson，1989）关于跨群体联系的研究指出频繁的组间交往允许讨论争端解决机制，防止不满和抱怨的累积。非正式的社会联系也可以服务于探索与利用之间的非正式桥梁，对于搜索新的利用途径或是帮助那些组织成员传播他们的创新想法都是有益的（Nahapiet and Ghoshal，1998）。因此，联接影响整合和重组探索与利用单元间的知识来源动机，因此起着中介作用。进而得到如下假设：

第三，联接在结构差异性和双元型之间起着中介作用。

奥赖利三世和图什曼（2011）认为双元型的关键特征之一是组织有能力重新分配资产和能力以应对新的威胁和机会。从实践上说，这就意味着组织的领导需要面对重组资产以促进探索行为的困难选择。从他们研究的15个案例可以发现区分较为成功与较为不成功双元设计活动的可识别的核心机制。最成功的双元组织设计包含了领导人培育出清晰的愿景和共同价值观，建立起高层团队以承诺双元战略致力于探索与利用行为，通过配置独特的子单元以聚焦于或者探索或者利用行为，通过建立团队能够处理对与探索和利用相关的资源分配和矛盾解决。那些不太成功的组织在双元上并没有采取这些步骤和机制。

在双元型设计的实施中，执行是更重要的问题。建立战略和共同愿景是高层管理者容易做的。但这些需要艰难的选择，包括资源分配、领导行为、高层团队组成，以及组织矛盾构造的平衡。最成功的双元设计从一开始更多具有这些组成成分。相反，那些能够学会如何解决这些矛盾，并有效执行的组织才更为成功。

3.3.2.4 双元型与环境动态性的关联

珀森和莱温萨尔（Posen and Levinthal，2012）模型指出组织的探索战略和环境动态频率的最佳适应度呈现倒U形关系。这一结果来自于两个对立的机制。一方面，直觉认为环境变化会侵蚀已有的知识结构，对于环境变化应对失败意味着降低绩效。这一机制在已有的理论文献中得到很好的阐释；另一方面，环境变化也会侵蚀通过探索活动的新知识累积。因此对这些机制的谨慎平衡，和对于动态环境的不对称应对，决定了组织对环境变化的相应对策。考虑到应对极端动态环境汽车行业的例子。2007年后，汽油价格飞涨，美国住房市场崩溃，这导致消费者偏好的极大改变，从偏爱大型、中型和全驱动驾驶车辆到小型、轻型和更好的耗油率。

这一阶段想当然的战略就是对环境的适应行动。已有关于如何建造大的、重型的和动力十足汽车的知识就失效了。对环境的反应就是改变探索和利用间的平衡，把资源更多投向目前了解不多的技术（例如，电动汽车或轻型节能汽车），以期望与新环境的适应。

这一战略反应体现在通用电器（GM）2007年后推出全电动汽车雪佛兰沃蓝达（Volt）的努力上。为了向沃蓝达分配资源，GM减少了向已有知识的利用投资活动（切割，控制投资临界点，投资中型节能汽车）。这一转换过程相当缓慢不是因为组织的障碍，而是因为对于新技术领域的知识累积相当有限（特别是电池）。当沃蓝达在2010年终于进入市场时，汽油价格又下降到电动汽车不经济的情况。因此，动态环境不但降低了GM在已有知识上的回报（如在大型SUV上），而且也降低了公司新的对于电动汽车探索活动投资所带来的收益。

虽然组织的惯性是有害的，环境的动态性减少了回报。但在动荡环境下还有别的选择。例如，福特汽车公司（Ford），减少了在探索上的投资，更多把资源投向利用活动。他们的战略坚持更多利用已有技术和设计的努力，例如，把资源更多配置到混合动力汽车上，基于主要模型，对于欧洲非常成功的嘉年华（Fiesta）介绍到美国市场上。福特所谓的生态激发式发动机（EcoBoost Engines），带有复杂的汽油注射系统，将在汽油价格上涨之际，为美国经济注入活力。企业没有放弃探索行为，继续投资于电动汽车，但是在极端动态环境下，福特改变了资源方向，更多把资源投向利用活动。

3.3.3 中国学者对于双元能力的研究进展

曹、珍德扎维克和张（Cao，Gedajlovic and Zhang，2009）区分了两个重要的维度：双元的平衡维度（the balance dimension of ambidexterity，简称BD）和双元的联合维度（the combined dimension of ambidexterity，简称CD）。BD对应于企业保持探索与利用相对平衡关系的导向；而CD对应于它们的联合效应。假设这些维度在概念上具有差异性，依赖于差异化的作用机制以提高企业绩效。他们发现与独立效应相比，平衡效应的BD和CD能够产生综合利益。同时也发现BD更有利于资源约束的企业，而CD更有利于具有剩余内部资源或外部资源的企业。这些结果指出受制于资源约束的管理者将资源聚焦于探索或利用将受益，但是拥有充足资源的企业，同时对于探索或利用同时追求将是可能与可行的。

李剑力（2010）通过251份有效问卷，验证了中国背景下探索式创新和利用式创新是提高企业绩效的两种重要途径，它们之间的平衡更有助于企业绩效的提升。通过有效的管理，两种创新方式可以在企业内部取得均衡与平衡，进而有效提升企业整体绩效；在高环境动态性条件下，探索式创新更有利于提升绩效，而在高环境竞争性条件下，利用式创新更有利于促进绩效。在环境动态性和竞争性程度都较高的情况下，两种创新方式之间的平衡可以显著提高绩效；已吸收冗余对利用式创新与绩效的关系起着正向促进作用，而未吸收冗余对探索式创新与绩效的关系起着正向促进作用；组织分权化对探索式创新与绩效间的关系起着正向促进作用，组织正式化对利用式创新与绩效间的关系起着正向促进作用。

焦豪（2011）基于组织和战略领域中的动态能力理论，考察通过利用式创新和探索式创新来构建双元型组织以提升短期财务绩效和长期竞争优势的机制和路径。利用抽样调查问卷的结构方程模型实证研究发现：企业动态能力对利用式创新与探索式创新具有显著的正向影响关系；利用式创新与探索式创新对短期财务绩效和长期竞争优势都有显著的正向影响关系，并且无论从路径系数还是从显著程度上来看，利用式创新的影响都比探索式创新强；利用式创新与探索式创新在企业动态能力和绩效间的中介效应关系得到了实证检验；利用式创新和探索式创新的平衡效应在一定程度上能增强企业的长期竞争优势，两者平衡匹配才能产生协同效应。研究结论对于有关动态能力绩效机制的研究有着一定的理论贡献，同时也为企业如何构建双元型组织提供了现实操作路径。

李乾文和赵曙明（2009）从国内外的优秀企业实践出发，把基于创新过程的人力资源管理分为效果导向型与效率导向型两种实践模式，并探讨了对应两种实践模式的发展趋势以及协同的条件。效果导向型的人力资源管理往往基于长期报酬的激励政策、基于知识共享的团队开发、基于创新探索的人才招聘、基于顾客合作的考核策略；效率导向型的人力资源管理往往基于效率提升的薪酬设计、基于轮岗与培训的员工发展、基于矩阵机构的组织设计。两类人力资源实践模式对于企业的创新战略处于同等重要的地位。效果导向的人力资源管理实践鼓励员工开拓新市场、发展新流程和产品，以满足顾客与市场的新需求；效率导向的人力资源管理实践模式则通过拓宽已有的知识和技能优化设计，提高既有产品和服务性能，满足当前顾客与市场的需要。

第 4 章

理论框架构建

4.1

人力资源管理系统支持公司创业的内在机制与模型探析

4.1.1 公司创业需要人力资源管理系统支持

1983 年，米勒提出了公司创业（Corporate Entrepreneurship，CE）的概念，并开始受到管理学界的重视。在过去的近 30 年里，关于 CE 的理论研究呈现出多方位、多视角的特征。学者们普遍认为 CE 是建立和重新构造公司可持续动态竞争优势的重要手段。对于公司创业的众多研究主要围绕科文和斯莱文（1991）提出的四类变量（外部环境变量、内部战略变量、内部组织变量和组织绩效）的相互关系展开。公司创业是一种组织层面的战略形式，必然影响到内部组织变量的人力资源策略选择，公司创业成功也必须得到组织人力资源策略的支持。因此，探究人力资源管理系统与公司创业战略的关系研究，成为探究公司创业如何促进企业持续竞争优势的关键环节。

著名管理学家坎特（Kanter，1985）认为公司创业往往更依赖于内部雇员，而不像新企业更依赖于创立者，所以与新企业相比，公司创业对员工不确定性管理、竞争选择和跨边界管理等能力方面的诉求更高。舒勒（Schuller，1986）指出，要促进公司创业的有效运行，公司雇员必须能够表现出一些特征，如共同的态度和行为，特别是具有创造与创新、聚焦长期、合作和相互信赖、承担风险、高度关注结果、对责任的关注、柔性变革、对模糊性的容忍、任务导向和聚焦于效率的提升等方面的人力资源特征。莫里斯等人（1995）在调查的 36 项人力资源管理实践中，具有创业精神的公司与创业精神较弱的公司有 14 项表现出了巨大的差异。更具创业性的组织大多围绕着多元化的职业路径来设计筛选和安置员工，广泛使用组织外的人员和各个领域的人员。这类公司会有更多的员工参加培训、员工组成各种团队、根据职业方向参加系统的、有计划的连续培训。组织中的绩效评估包括更多员工参与流程中的活动，更注重个人绩效标准，更多依据产出或最终结果进行评估，更为注重长期业绩，对创新和承担风险的活动给予明确的鼓励等。

人力资源管理实践对培育和促进公司创业有巨大影响的原因，是它们可以为公司创业提供管理支持、为创新提供资源支持、鼓励员工承担风险，并且有助于公司内部形成一个引导学习与合作的组织架构，鼓励跨职能的沟通，提升雇员工作的自主性和判断力等。

许多实证研究考察了单一人力资源实践或不同人力资源实践组合对于公司创业及其组织绩效的作用。凯雅（Kaya，2006）在对土耳其 124 家企业人力资源管理和公司创业数据调研的基础上，应用层级回归的方法，分析了人力资源管理在公司创业和绩效之间所起的部分中介作用。海顿（Hayton，2005）通过对美国 100 多家中小企业的研究表明：战略人力资源管理（Strategic HRM，SHRM）实践与中小企业的创业绩效正相关，这里指的 SHRM 实践是指强调广泛的、开放的目标设置，要求员工对任务、风险和潜在的替代有清晰的认识。与此相反，传统的强调成本削减等人力资源管理实践与公司创业绩效负相关。同时，此项研究表明，包括长期薪酬激励、员工授权和参与等实践的自主型人力资源管理实践可以有效提升中小企业的创业绩效，而且这种效应在高科技产业中表现得更为显著。

为了促进公司创业战略的设计和执行，组织应当实施积极的人力资源管理实践去激发和强化上述员工特征，并且随着企业对公司创业的依赖，组织越来越需要识别公司创业战略的关键性的人力资源内在驱动因素。虽然近期公司创业的大量实证研究提供了其构建竞争优势和提升企业价值的不少证据，但仍然缺乏对其内在作用机理的合理解释（Zahra and George，2002）。本节通过文献梳理试图回答以下问题：（1）人力资源管理系统的不同部分在企业价值创造中发挥了什么样的作用？（2）人力资源管理系统如何通过公司创业而作用于企业的价值创造过程？

4.1.2　经济租理论视角的人力资源管理系统

长期以来，企业战略理论所关注的是如何提高企业绩效这一本源问题，并试图揭示持久卓越绩效的来源。当前主流观点认为，企业绩效来自持久性的竞争优势。在经济分析中，这种持久性的竞争优势被归纳为三种租金：一是依靠占有并保持现有市场地位所产生的垄断租金（monopoly rents）；二是依靠异质性企业资源所产生的理查德租金（ricardian rents）；三是依靠动态能力和持续创新所产生的创业租金（entrepreneurial rents）。对于充分竞争的市场而言，更多关注后面两种租金形式。

对于企业持续竞争优势的关注，其焦点超出了传统的财务绩效或效率的范围。SHRM 正是基于此视角。从经济租理论看，人力资源至少在以下情景具有战略意义：（1）帮助创造了传统的理查德租金；（2）作为组织能力的一部分创造了非传统的理查德租金；（3）作为技术和管理创新的源泉创造了创业租金。人力资源管理活动，作为支撑以上情景的关键因素，发挥了管理的创业作用，有着重要的战略意义。

巴尼（Barney，1991）提出的 VRIN 模型（Value，Rareness，Inimitability，Nonsubstitutability）虽然给出了判断持续竞争优势的标准，也可以延伸到 SHRM 的概念上，但并没有揭示出从人力资源到竞争优势的因果关系。

传统静态观点的理查德租金也没有解决企业的异质性问题（heterogeneity）。而创业租金理论，关注于知识的动态创造和利用，能够对资源基础理论以很好的补充，创造了一个更为全面的对 SHRM 理解和对管理实践的启示作用。正如怀特等人（Wright et al.，2001）所讨论的，与其他企业资源不同，人力资源的自由意志（free will）特征具有认知和情感成分，人们如何思考和感知他们的工作环境和工作关系会直接影响到他们的行为。

表 4-1 是站在三种租金视角对于战略性人力资源的分析。从来源看，传统的理查德租金认为租金来源于非弹性的生产要素供应，生产要素具有稀缺性，并伴随着在生产质量上的内生性差异；非传统的理查德租金虽然也认为租金来源于非弹性的生产要素供应，但生产质量的差异却是可变的，会受到企业组织能力的影响；创业租金认为租金来源于具有创业精神的员工在面

表 4-1　　经济租金理论与企业内的人力资源

比较项目	传统的理查德租金	非传统的理查德租金	创业租金
经济租金的来源	非弹性的生产要素供应（稀缺性），伴随着在生产质量上的内生性差异	非弹性的生产要素供应（稀缺性），伴随着在生产质量上的可变性差异	在面对不确定性时的创业警觉和判断力
产生租金的战略性因素的流动性特征	可以通过生产要素市场获得	基于企业的特殊性（企业间的非流动性）	受限于针对企业特定机会集的共同专业化（co-sepcial-ization）
寻找租金的途径	生产要素市场，对于内在异质性的资源的获取和保留	通过路径依赖、复杂性和因果模糊性所产生的异质性	能够创造和利用基于企业特征的创业知识（管理式创业）所体现的独特的组织学习过程
人力资源的需求特征	稀缺的、难以替代的和具有经济价值的人力资源，很难被通过培训等复制	与特定企业组织能力角色所匹配的人力资源	个体或个体的集合所表现出的特别的预见性和渐进式学习特征

资料来源：作者根据相关资料整理。

对不确定性时的创业警觉和判断力。从产生租金的战略性因素的流动性特征看，传统的理查德租金认为稀缺性的人力资源可以通过生产要素市场获得；非传统的理查德租金认为基于特定企业的特殊性，赋予企业特殊性的人力资源在企业间存在非流动性，离开了特定的企业环境，人力资源也会失效；创业租金认为人力资源的流动性受限于人力资源与企业特定机会的共同专业化特征，两者存在着共同依赖的特征。从寻找租金的方法看，传统的理查德租金认为取决于生产要素市场上，对于内在异质性资源的获取和保留；非传统的理查德租金认为其途径在于通过路径依赖、复杂性和因果模糊性所产生的异质性；创业租金认为其途径在于如何创造和利用基于企业特征的创业知识（管理式创业）所体现的独特的组织学习过程；从人力资源的特征看，传统的理查德租金对应于稀缺的、难以替代的和具有经济价值的人力资源，很难被通过培训等手段复制；非传统的理查德租金对应于与特定企业组织能力角色所匹配的人力资源；创业租金对应于人力资源个体或个体的组合所表现出的特别的预见性和渐进式学习特征。

三种租金的不同特征决定了人力资源策略所要求的不同形式。表4－2

表4－2　　　　支持各种租金的人力资源管理活动

关键的人力资源管理活动	传统的理查德租金	非传统的理查德租金	创业租金
获取	因为需要的人力资源是既存的，关键的任务是获取人力资源的交易。异质性的人力资源获取在于对劳动力产权市场的强力投资。其他如对于员工价值的独特性，或被政府资助的劳动力市场同样起作用	因为非传统的人力资源基于企业的特殊技能，获取人才聚焦于适合企业能力培养的劳动力市场中合适的特定知识、能力与技能人才	基于创业知识共享的人才偏好。特别是那些具有创业资源，例如社会网络或在某一方面有专长知识的人才。某种程度上管理型创业更倾向于发掘企业内部的人才，基于基层对于特定创业人力资本的需要

续表

关键的人力资源管理活动	传统的理查德租金	非传统的理查德租金	创业租金
保留	对于既定人力市场的人才保留政策是重要的。保留政策关注于雇佣契约、鼓励长期化的报酬制度和对于员工而言所具有的特殊价值	保留在这里随着时间就显得不重要了，因为结束一个雇佣契约对于个人和企业而言都是成本高昂的	保留的价值因员工或环境而变。员工跳槽对于企业是有害的，但也能被有创业价值的新员工所替代。因为管理型创业具有很强的企业特殊性，企业一般期望较高的员工保留率
培训	一些培训是必要的，但培训对于理查德租金而言不太重要，因为帮助创造他们的人力资本是内生的	必须密集地对员工进行培训，使之成为熟悉企业特定知识某方面的专家。雇佣安全有助于员工在特定人力资源上的投资	因为焦点在于创新，培训对于创业而言次要一些，更重要的是促进人际间的学习技能，以及如何整合当地的知识以变成公司创业的源泉
激励	员工个体的绩效是相当具有可观察性的，有效直接的、定制化与个性化的激励措施非常实用	由于隐性知识和独立的员工角色使得员工的贡献很难确定。间接的，聚焦于企业内的环境条件，例如文化和人力资源系统结构，形成员工的心理契约以激发企业所希望的行为	因为创新常常无法预见，人力资源实践更需要通过激发员工创业上的差异化行为，对于结果的报酬而非与管理过程的一致性。激励经常采取期权等形式
协调或配置	协调或配置机制是简单的，因为整个的人力资源结构是相对稳定的	需要复杂和富有个性的协调或配置机制，以匹配各种能力之间的规则。资源随时间演变而非剧烈的结构重组或组合	需要复杂和富有个性的协调或配置机制，但是这些取决于组成企业的这些独具特色的成员如何进行知识的产生和开发

资料来源：作者根据相关资料整理。

展示了支持三种租金的不同人力资源管理形式。什么样的人力资源能够产生传统的理查德租金，取决于以下要素：（1）这些差异是内生的；（2）企业能够使用这些差异以创造有价值的产品异质性；（3）携带这些差异的员工是稀缺的；（4）这样的员工，他们可以离开企业，或者企业以低于他们为企业所创造价值的成本加以保留。因为传统的理查德租金来源于内生的异质性资源控制，人力资源活动最重要的是获取和保留，而对于非传统的理查德租金，来源于与特定企业相关的独具特色的产品，最重要的人力资源管理活动是培训、激励和协调。

对于理查德租金而言，如何通过在信息不对称的劳动力市场上，有效地鉴别和获取有价值的人力资源是至关重要的。对于非传统的理查德租金而言，他们对异质性人力资源的获取并不那么重要，重要的是找到具有一定知识、技能和能力，并有兴趣为特定企业岗位所培训的人才。

对于传统和非传统的理查德租金而言，可以通过雇佣协议、特定的人力资源投资等，增加人才的转换成本。另外，特定的人力资源实践，如组织文化、吸引员工的地域环境等，都是增加员工雇主转换的成本。这些与工作相关的特征如果难以被竞争者所感知和模仿，就能成为竞争优势的来源。

对于培训而言，传统的理查德租金，特定条件下，只要培训收益大于成本，可以增加企业的效率，但难以产生持续的竞争优势。非传统的理查德租金，由于与企业能力相关的知识往往是隐性知识，在岗培训和有经验的员工指导往往是有效的。

因为员工都具有各自的异质性和自由意志，单纯的物质激励往往是难以奏效的，人力资源管理系统可以发挥类似非财务激励和补偿的作用，以形成有利于企业的员工行为。例如，像美国西南航空公司一样参与式的人力资源系统激发了员工自觉地将他们的个人行为与企业的战略重点相适应。企业整合的人力资源管理活动也能够影响员工行为，以形成员工的心理契约。

对于协调与配置而言，人力资源管理活动一方面能够把员工的知识、能力、技能与企业其他能力的组成资源相匹配，如员工岗位匹配、员工职业发展匹配、员工的承继计划等。因为员工一定程度的流失率在所难免，这些人力资源管理活动对于组织发展新的能力和保持既有能力都是必要的。另一种协调，则是企业可以通过明确的定义或规定来要求员工的工作行为，例如绩效评估、报酬制度。这是一种典型的泰罗制方法，越来越难以适应多变的外部环境变化。

当然，多数岗位都需要两种方法的综合使用。一些关键的员工行为需要上级直接规定或直接指导，而另一些员工行为则需要根据情景灵活掌握。例如，自我管理团队就允许员工在他们的工作环境中，灵活地适应环境的变化。

4.1.3 动态租金视角下的人力资源管理系统支持公司创业模型

企业层面的异质性不仅仅是内生资源异质性或自动演变的过程。企业层面的异质性也是人力这一代理物与不确定性对抗的结果，或称创业（Rumelt，1984）。当面对不确定性时，创业的主角，包括管理者、对未来资源价值做出各种判断的不同的期望者或自信者，都会参与到对这些资源的获取或组合过程中，导致企业之间不同的异质性资源集。因此，管理者的信念和判断，或创业知识，是企业资源的独特类型，具有提升企业其他资源异质性的作用（Alvarez and Busenitz，2001）。

对创业多数熟悉的视角来自于熊彼特对于"创造性的破坏（creative destruction）"的描述。创业租金发生的可能性不仅依赖于关键决策者是否具有熊彼特式的眼光，也需要克服内部对于熊彼特式创业的反对。尽管熊彼特式的创业更多聚焦于全新的市场或产品，但同时也关注于通过有效整合资源以利用新的或已存在的市场机会。例如，对于创业式套利（entrepreneurial arbitrage）的创业机会警觉就是极好的例子。如爱默生（Emersion）往往作为快速的跟进者战略，在消费类电子产品行业，发挥后发优势以击败首先创新者。

复杂组织往往面临着哈耶克（Hayekian）式的分散知识管理问题，有价值的隐性知识往往分散于整个企业的不同员工个体上。通过人力资源管理活动建立起组织内部有利于协调和利用分散的知识的环境，可以称为管理式创业。人力资源的知识管理系统发挥了创造和利用创业知识以保持企业持续竞争优势的作用，当这样的管理式创业将这样的分散性知识与外部竞争性的机会所吻合，就会带来熊彼特或市场套利式的创业机会。

组织内往往存在两种管理式创业的形式：正式的和自发的。正式的管理式创业被企业高层的决策者所驱动，主要有意识地在企业中形成创业的氛围；自发的管理式创业来自于员工个体通过工作场所、非正式的关系和社区实践等对企业知识的差异性贡献。有效的管理式创业发挥应该是正式和非正式的创业活动同时发挥互补作用。

管理式创业下的人力资源管理实践包括：（1）员工获取，更关注于与原有组织的战略匹配，以及改善已有组织社会网络。（2）员工保留，一般期望企业较高的保留率，以稳定能够激发自发创业的个人间网络关系和文化规范。（3）员工培训，关注于如何通过促进员工间的技能和组织程序以增加员工整合基层知识转变为创新创业项目的可能性。（4）员工激励，因为创业式创新难以事先预测，正式的管理式创业应朝着对员工成功的创业结果进行奖励，而非奖励与管理规范相一致的行为。（5）协调与配置，这是支持管理式创业最重要的人力资源管理实践。例如，知识分享会议、跨职能部门的产品发展团队、准独立组织（quasi-independent organizations）等，都可以促进信息的分享，进而促进整合分散创业知识的能力。在高科技企业内，基于承诺的人力资源管理系统将极大促进组织内的信任、合作和共享的规则与氛围。这些氛围会极大促进组织内的知识交换与组合，也会带来组织的高绩效。

图4－1描述了如何通过人力资源和人力资源管理系统产生动态租金的过程。具有内生要素异质性的人力资源必须与组织能力相匹配，也就是共同专业化的过程，以产生核心产品的异质性；而特定组织能力与管理式创业的结合，则会产生非重复的创新，市场表现就是异质性的最终产品，以获得提升企业的市场价值。其中，两个关键的人力资源驱动因素，对于理查德租金而言，是人力资源的稀缺性（scarcity），对于创业租金而言，是人力资源对于不确定环境下的创业判断和行动（entrepreneurial judgment and action）。

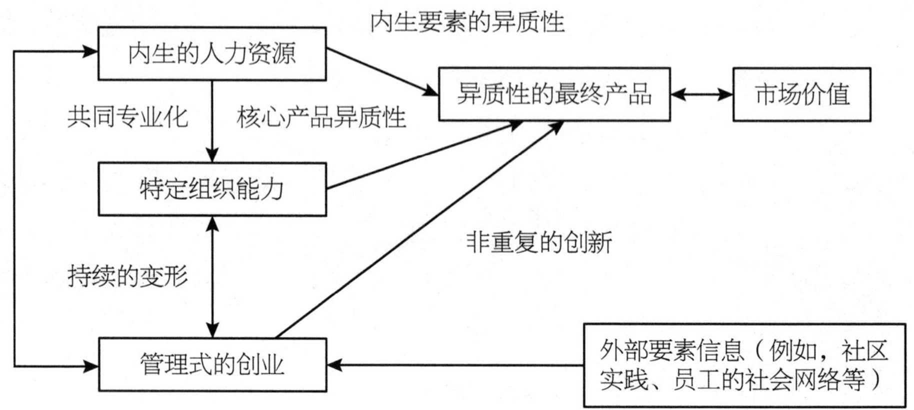

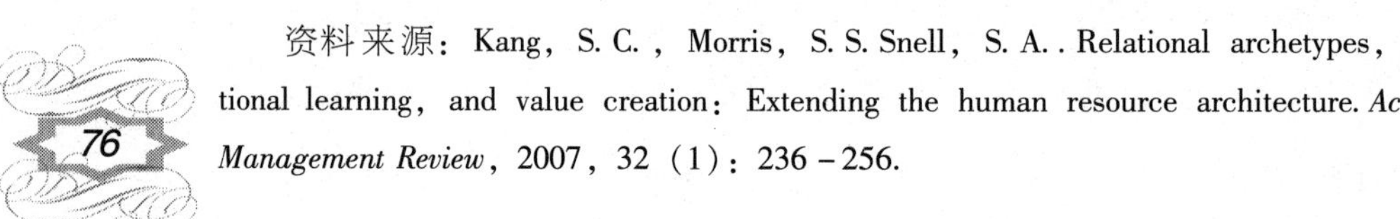

图 4－1　通过人力资源和人力资源管理的动态租金观点

资料来源：Kang，S. C.，Morris，S. S. Snell，S. A.. Relational archetypes，organizational learning，and value creation：Extending the human resource architecture. *Academy of Management Review*，2007，32（1）：236－256.

本节首先从经济租金理论的视角讨论了传统的理查德租金、非传统的理查德租金和创业租金所假设的异质性人力资源的来源、流动性特征、寻找租金的途径和人力资源的需求特征，并讨论了三种租金所对应的不同的关键人力资源管理活动：获取、保留、培训、激励和协调或配置所体现出的特征。这不但反映出对于租金理论的深化，企业的价值创造既可以来自于依靠稀缺资源占有（包括人力资源）所带来的传统理查德租金，也可以是通过提升企业独有的组织能力所带来的非传统的理查德租金，还可以是依赖异质性的人力资源，特别是企业家精神所获得的创业租金。

同时，这也是对传统人力资源管理理论的深化，随着企业对公司创业租金战略的重视，组织越来越需要识别公司创业战略的关键的战略性人力资源管理驱动因素。事实上，当前人力资源管理理念正由微观、科层制、工具理性向更为宏观的战略性人力资源管理方向转变，战略性人力资源管理理论认为，人力资源管理是公司战略执行的工具，必须保持人力资源管理实践与公司战略的纵向匹配，为此实施积极的战略性人力资源管理实践促进公司创业战略的执行。

动态的租金观点更是从内生的人力资源、独特的组织能力和管理式的创业互动的视角探讨了异质性的产品和企业价值的形成过程，对于深刻理解异质性的人力资源这一特殊的生产要素在企业价值提升中的作用意义重大。从动态和整合的角度看，企业价值的提升既离不开既有内生特质的人力资源个体要素，也离不开独特的组织能力，持续性的价值创新过程更需要不断激发具有企业家精神的管理式创业的机制塑造。

4.2 双元能力的人力资源管理系统转化路径模型构建

为了保持持续的竞争优势，成功的企业体现出了既能有效创新，又能持续地构建组织惯例和改善组织能力的特征。如何管理企业变革与稳定之间的关系一直是组织科学和管理实践的核心主题（Christensen and Ovendorf，2000）。组织如何同时构建探索（exploration）和利用（exploitation）两种能力的双元型问题日益成为管理学科的一个热点研究领域，一些学者对此进行了开创性的研究（Tushman and O'Reilly，1996；Gibson and Birkinshaw，2004）。

尽管不少文献开始涉足组织双元型的前提要素（组织设计、结构、领导方式等），以及一些调节变量（环境的动态性、市场竞争性、企业规模等），或者两类变量的交互作用，但仍有一些领域有待于深入研究，比如最具活力的人力资源要素。组织双元能力的构建离不开人力资源这一核心要素（Kang and Snell，2009）。人力资源管理作为组织设计的一部分提供了基于制度的框架，为企业完成既定战略目标提供了强有力的指导、治理和协调员工日常行为的工具（Wright and Snell，1998）。

近几年，从人力资源管理系统或具体的人力资源管理实践（招聘、激励、员工发展、奖惩与评估等）来考察组织双元型的构建途径或匹配关系等的研究日益增多，但相关文献非常零散，研究结论也不尽一致。本节站在组织双元型和人力资源管理的关系角度进行分析，调查具体的组织双元型的微观基础，特别是与双元型匹配的人力资源管理系统和人力资源管理策略。

4.2.1 组织双元型的不同形态与人力资源管理系统的匹配

站在不同的角度，组织双元型可以有不同的分类，吉布森和伯金肖（2004）提出的“结构型双元（structural ambidexterity）”和“情景型双元（contextual ambidexterity）”的分类最具代表性。“结构型双元”是通过不同的组织或事业单元来分解探索和利用活动而形成的双元结构，而“情景型双元”则是在整个组织层面同时展现协作能力与适应能力的结果。协作能力表现为组织的所有单元协调一致为实现既定目标而开展业务活动的能力；而适应能力则是指在变革环境中迅速应对变化的组织重构能力。

圭特尔等人（Güttel, et al., 2011）在以上研究的基础上，将组织双元型区分为三种形态：情景型双元（unity）、结构型双元（duality）和混合型双元（hybridity），如图4-2所示。通过构建这三种理想的双元型设计，圭特尔等进一步讨论了人力资源管理如何贡献于不同的组织双元型战略，以及人力资源管理中的不同实践安排如何实现与组织内部和外部的匹配。

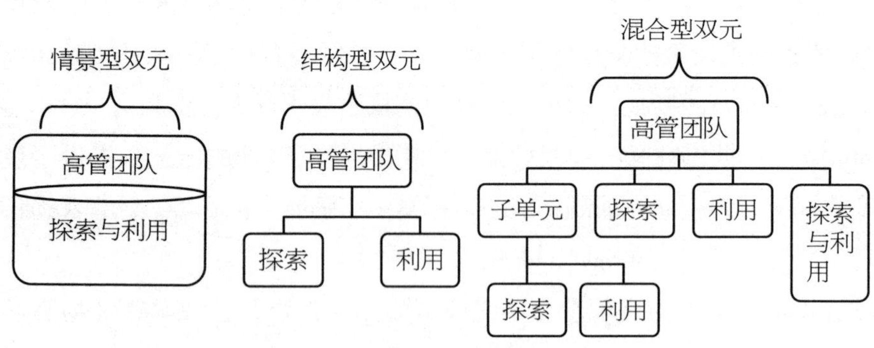

图4-2 组织双元型的三种形态

4.2.1.1 情景型双元型与人力资源管理

情景型双元的组织结构通常是简单和中心化的，只需少量的计划与协调任务，沟通往往是非正式的和非结构化的。由于组织层次较为简单，企业通常是富有灵活性的，又由于高管团队较容易地把握企业内外信息，企业也容易了解市场状况。由于直接和频繁的沟通，员工彼此了解各自相应的探索和利用活动，探索和利用两种行为在整个组织同时展现出来。频繁的接触有利于员工间的知识分享、相互间的共同学习，探索和利用行为能够相互衔接。在这样的结构内，在高管团队的集体领导下，员工们可以分享企业共同的愿景，服从于一些统一而简单的规则，有较为充分的自主决策权，探索与利用之间的抉择更多是基于员工个体的判断（Gibson and Birkinshaw，2004）。由于员工不断在探索和利用两种模式之间的交替，员工通常理解两种模式的区别，但是此种结构的缺点是缺乏在探索或利用方面更为深入的专业化努力（Güttel and Konlechner，2009）。

如图4-3所示，为了支持情景型双元的组织战略目标，高管团队的挑战就是如何把人力资源管理与企业特定战略目标结合起来，需要在公司战略的指引下，倡导良好组织氛围的人力资源管理理念。人力资源管理需要不断地提升员工个体两种学习导向的努力，避免单极化的倾向。因为太多的专业化学习容易导致单极化（monodexterity）的倾向。从人力资源管理系统层面看，要努力营造员工们共享价值观的情景因素。从具体的人力资源管理实践看，员工们需要工作中的自主权，也需要在两种模式上的运作本领。因此，企业招募员工的标准最好是具有两种学习经历的员工，或者雇佣目前虽然只在某一学习模式上具有良好的绩效，但在另一方面具有高潜力的员工（Swart and Kinnie，2010；Ketkar and Sett，2009）；通过对新员工使用密集的工作轮换有利于新员工对整个组织的理解。特别是通过类似的项目安排，员工们可以学习到探索学习和利用学习的发生途径，以及个体和团队行为的规范和价值观；为了能够在两种模式下有效运作，个体员工需要不断地自我改善技能，以发展更宽泛的知识结构，或者花费时间投资于特定的专业化，或者保持与同伴的经验交流，都有利于两种学习模式的发展；为了支持两种导向的学习，自主支配自己的时间或精力，目标管理（MBO）等的绩效管理办法都是有效的办法；密集的工段轮换和基于项目的工作结构是稳定双元化情景的基石（Collins and Smith，2006）。

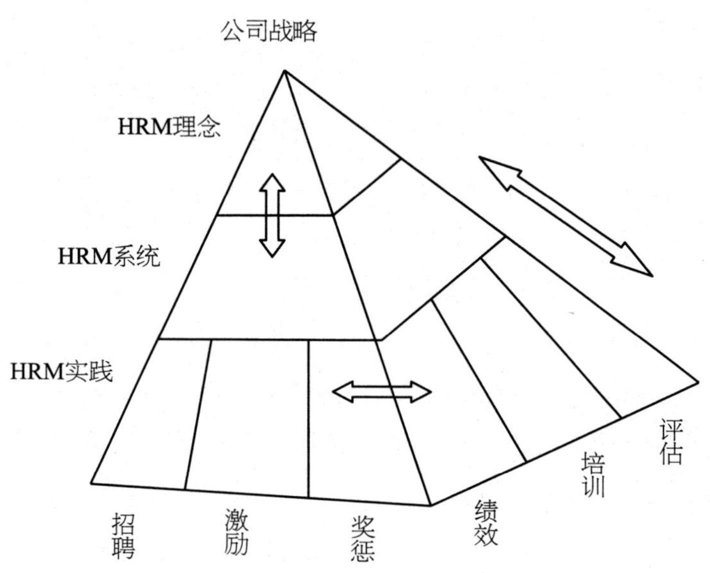

图 4－3　人力资源管理与情景型双元

总之，支持情景型双元设计的战略目标，人力资源管理系统必须不断地促进组织范围内对于两种学习导向的运作、整合和发展的理解和执行。对探索与利用能力平衡双元型要求所对应的人力资源管理系统，并不只是与高绩效工作系统（high performance works systems，E. G. Pfeffer，1998）和创新导向的人力资源管理实践等同。这种人力资源管理系统需要达到对外部的平衡，在两种学习模式上都要达到一定的专业化程度，并且能够很快地整合多元化的知识以应对市场变化。同时，作为一个内在的系统又要求达到内部匹配，以强有力的人力资源管理组合来支持共同价值观下的情景型双元型战略。

4.2.1.2　结构型双元型与人力资源管理

结构型的双元把探索能力（例如研发部门）和利用能力（例如生产和

营销部门）分开，每一类部门都拥有独立的学习情景、子文化和惯例，以确保在两种学习模式上的高度专业化（Güttel et al. ，2011）。探索型的单元往往是小型而扁平化的结构，而利用型的单元往往是大型而集权化的结构（Gupta et al. ，2006）。医药公司可以是结构型双元企业的例子，他们一方面通过研发部门服务于新的市场；另一方面通过充分利用已有产品以服务于已有的市场。

然而，结构型的双元也有不利的一面。员工的行动局限于探索能力或利用能力，导致缺乏对探索或利用另一面的理解，导致低水平的吸收能力（Cohen and Levinthal，1990）。这会阻碍组织在两种不同单元间转移和整合知识的能力，而这种吸收能力对于把想法和创新转换成商品化的产品和服务是必需的。为了连接两种学习模式，学者们强调高管团队的整合功能（Smith and Tushman，2005）。他们就像探索能力和利用能力之间应用知识管理工具的中介。然而，即使是高管团队的整合也是相当困难的，因为内部知识整合和转移证明是一个非常困难的任务。

结构型的双元设计给组织人力资源管理与公司战略和内部匹配带来了极大的挑战。因为分离化的部门具有不同的情景，建立一个内部差异化的人力资源管理系统对于在探索和利用领域的高度专业化是必需的。人力资源管理实践可以有利于探索和利用自己的专业化，可以建立内在一致性的人力资源管理系统集，例如，高承诺的人力资源管理实践有利于探索型的活动（追求创新），而内部劳务市场有利于利用型的活动（追求效率）。

从人力资源管理理念看，共享的愿景或核心价值观作为整合性的要素在结构式双元下更为必要（Benner and Thusman，2003）。结构型双元需要对人力资源管理做出如下安排：（1）为了促进双元单位的专业化，需要两种促进探索和利用活动内在一致的人力资源管理系统；（2）为了双元战略的实施需要支持两种单位之间的知识转移和整合；（3）高度重视人力资源管理实践策略的内部一致性。

一般化的人力资源管理实践，可以提供一些分离化的基础性的人力资源管理概念，例如探索（高承诺）和利用（内部劳务市场）；招聘实践需要考虑两种不同模式下的学习导向专业化要求。然而，为了两种领域的需要，潜在的员工又需要具备在另一种学习模式下的基本经验要求。即使是少许或短期的经验，也有利于对另一种学习模式的理解，从而促进不同单元间的知识转移。为了促进共同的理解而不弱化专业化，新员工欢迎宴会等促进沟通的项目有利于促进员工对两种学习导向的共同理解。人力资源训练和发展项目对于促进共同的理解和核心价值观的培养也是有益的。跨职能的项目团队和暂时的工作轮换也是促进共同理解和学习的人力资源管理实践。

总之，如图4－4所示，内在差异化的人力资源管理系统可以保证结构和分离化的单元在各自的领域实现高度专业化。企业的人力资源管理系统，首先是支持两个独立探索和利用单元的专业化的人力资源管理实践。同时，双元化的战略不但要求同时在两种模式下的高效运作，而且为了市场创新要达到两者互动的目的。人力资源管理实践又需要回答知识转移和整合的目的，内部一致性的差异化人力资源管理系统才能确保共同的人力资源管理政策，例如，企业对于合作或团队精神的奖励措施有利于两种导向的整合。组织强有力的合作文化和共同战略目标塑造对于消除两种模式的紧张和分离是非常重要的。

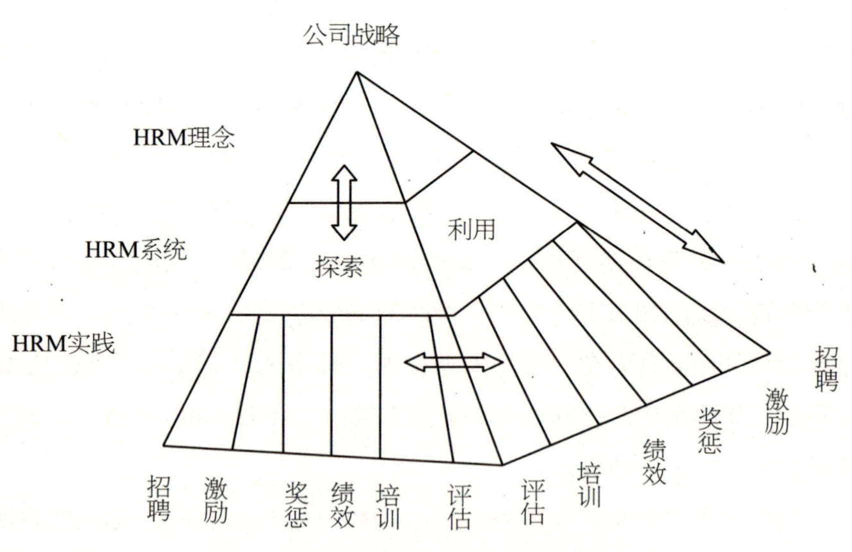

图4－4　人力资源管理与结构型双元

4.2.1.3 混合型双元型与人力资源管理

为了激发创业精神，以抓住新的商业机会，组织必须更新组织的探索能力，而不失去专业化的利用优势。为了获得在成熟市场的优势，以及在新兴市场的创业竞争，组织需要整合探索能力、利用能力，同时追求情景型双元与结构型双元。在一个企业的多个领域整合了结构式双元和情景式双元，称为混合型多元化。

大型企业的管理和成长更多依赖于对于不确定性的创新管理。组织能够通过建立新的投资部门或发展新事业来应对这一挑战，或通过对于中小型企业的兼并来达到目的，或者是通过情景型的双元、高水平的持续创新或通过创造专业化的探索单元，或通过战略性的知识联盟。高管团队的一个重要挑战就是建立起一种共同愿景或价值观，以促进员工对企业的身份认同（O'Reilly and Tushman，2008；Jansen et al.，2008）。这一共同的身份认同可以作为双元型组织的黏结剂，促进单元间的合作。人力资源管理系统由企业层面的情景人力资源管理系统和事业部层面的人力资源管理实践组成。这些多样化的人力资源管理组合能够支持企业层面的共同人力资源管理哲学理念，以提供高度多元化组织的内部一致性。

人力资源管理系统需要随着组织的成长而改变，例如，从情景型到结构型的发展，目的是减少复杂性，以获得专业化的学习优势，他们需要调整他们的双元化学习模式结构以促进内部学习的过程，并将学习过程与结果有效连接。因此，人力资源管理实践通过内部协调服务于学习的努力与效果。当组织从一个阶段过渡到另一个阶段，需要面临多样化的战略决策点（Güttel et al.，2011）。然而，当面临战略成长的目标时，需要确保企业的人力资源管理系统不断得到优化，通过人力资源管理系统与转变战略的匹配，以支持这种变革的成功。因此，组织需要有效管理他们的人力资源管理系统，通过人力资源管理实践以有效指导员工的实践与学习行为。因此，挑战在于如何在人力资源管理系统和战略变革目标之间取得平衡与匹配。同时，为了到达新的战略阶段，人力资源管理需要在不同的人力资源管理实践间取得水平的匹配，也要在人力资源管理实践和战略之间获得水平匹配。总之，对于人力资源管理系统的管理对于组织的稳定与变革是至关重要的。

4.2.2 人力资源管理系统作用于组织双元型的内在机理模型

上面讨论了三种组织双元型形态所对应的人力资源管理理念、系统和实践特征，下面进一步探讨人力资源管理如何与组织资源和社会资源共同作用于组织双元型的内在机理。

康和斯耐尔（Kang and Snell，2009）揭示了人力资源管理系统和组织双元型的关系。探索能力更多被通用人才资源、创业型的社会资源和有机式的组织资源所支持。在这种结构中，个体通过他们的经历与社会交往所产生多视角的想法，具有灵活的认知能力和动机，以组合多样化的知识。组织也鼓励他们持续地产生和应用创造性的想法来解决产生的问题。探索能力更多被专门人力资源、合作型的社会资源和机械式的组织资源所支持。更多聚焦于已有的知识领域，提炼和改善已有的知识结构。

这两种能力会带来一定的冲突，基于人力资源的首创性是解决此种困境的重要途径。组织资源和社会资源在分享和整合个体知识成组织知识的过程中扮演着重要角色。从传统的组织行为观点看，个体的知识和行为离不开个体所嵌入的社会情景或环境。组织资源和社会资源会约束、限制或补充个体的能力和行为。这里的关键是人力资源、组织资源和社会资源如何联合起来发挥整合作用，而非彼此矛盾与冲突。

就像图4－5所展示的，本节区分了两种潜在人力资源管理的资源结构，他们通过人力资源与组织结构的互动，以满足双元型组织的要求。这些结构揭示了如何通过人力资源与社会资源的互动，以扩大嵌入员工个体的知识，以及如何通过组织资源以放大和整合个体知识成组织知识。两种结构分别称作：内嵌式（interpolation）结构和外推式（extrapolation）结构。

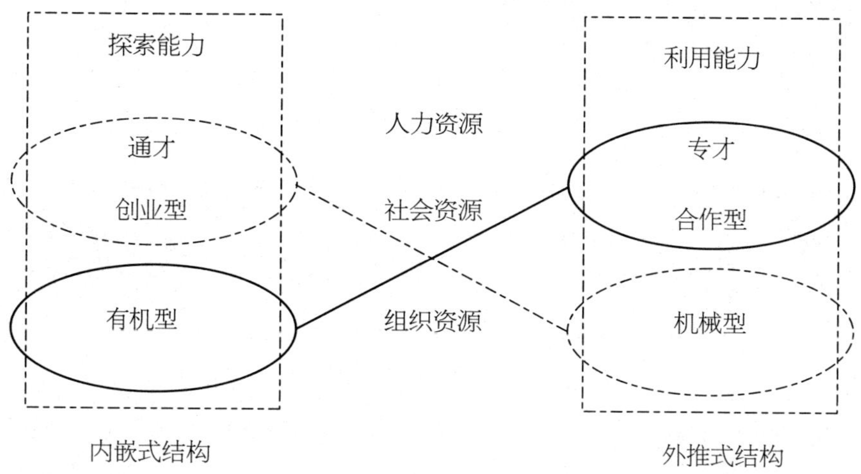

图4－5 人力资源管理系统作用于组织双元型的内在机理模型

资料来源：作者根据相关资料整理。

4.2.2.1 内嵌式结构

专业性的人力资源。企业发展相对专业的人力资源以建立分布式的知识结构，以便个体拥有相对不重合的知识。专业性的人才发展的是特有思维和推理系统，固守于特定的知识领域，与其他领域分享和组合知识的能力和动机相对较低。对此而言，一个重要的问题是企业如何把个体的知识转化为组织的知识，重要的是要找到如何让个体分享知识，同时扩大知识获取和整合的范围。

合作型的社会资源。合作型的社会资源就是具备强联系、通用信任关系和共有结构知识认知特征的社会网络（Kang，Morris and Snell，2007）。强联系是指通过较长时间的互动合作在组织内部形成的一个较为独立、对外排斥较强的团体。如果雇员工作在一个与其有着较强联系的群体中，信息会在群体内高速散播，有利于专才在分布式知识结构下有效地搜索和转移专业化的知识。但同时有可能对外来新知识、新观点的接受度较低。

有机型的组织资源。为了避免专业性的人力资源和合作型的社会资源所导致僵硬的风险。具有灵活性的有机型组织资源在此情况下非常需要，通过适当放松个体对规则、对工作期望等，有机组织资源可以更多创造新的知识。有机组织资源不但可以扩大灵活的知识交换、组合、解释和行动，也可以促进个体自己的知识行动力。一些新产品开发的研究发现，跨职能部门的协作能够激发异质型知识进而促进公司创新的文化。

以上的组织结构设计也有利于组织的“即兴而作”（organizational improvisation）（Cook and Brown，1999）[①]。专门人才、合作型的社会资源和有机型的组织结构满足了即兴而作的条件。合作型的组织资源使得他们建立起交互记忆（transactive memory），帮助他们发展和利用分布式的知识结构。合作型的社会资源通过确保共同尊重、信任、合作意愿和强化社区成员角色，帮助他们试验新的想法和行动，而且降低了风险承担。有机的组织资源提供了最小的控制结构，保护了协作的有效稳定性，也允许一些即兴而作与灵活修正（Eisenhardt and Sull，2001）。

总之，合作型的社会资源能够强化专才的开发能力，通过给他们提供使用他们自己知识扩大和精炼知识的机会，同时可以识别和移植其他知识。有机型的组织资源鼓励专才不断地整合和结合多样化和变动的知识，改变他们的认知结构从“定式的问题解决”到“创造性的问题解决”。

4.2.2.2 外推式结构

通用性的人力资源。通才以多样化和多变化的知识为特征。怀特和斯耐尔（Wright and Snell，1998）注意到通才的技能对于企业组织学习以获取更多的适应性非常有好处。通用性的人才资源常被看做是从已有知识库中发现新知识的重要机制。对于企业而言，对发现通用人才一个重要的问题是如何保护和扩展通才的知识探索的创业行为，同时建立一个相对保守的机制以确保他们的变化知识以有效的方式进行利用。创业型的社会资源可以有效补充通用人才，以提供与多样化的知识领域更为灵活的联结。机械式的组织资源能够通过强化定式化的行为以促进知识的整合效率。

创业型的社会资源。创业型的社会资源是指具备弱联系、双向弹性信任关系和共有构造知识认知特征的社会网络。弱联系可以给雇员带来多样化的

---

① 即兴而作最初用于描述爵士乐队未做事先准备的演奏活动，创业管理研究中指想法的形成、执行和完善几乎同时发生。

信息，更有助于知识创新。因为弱联系对于信息流动很重要，它可以将与自身并没有紧密联系的社会群体整合进一个更广泛的社会中，会给雇员提供众多识别和应用新知识的渠道和机会。双向弹性信任主要源于个人间私人情感的交往，具备这种信任关系的组织成员往往会就嵌入于雇员内部的新知识或观念深入应用到企业产品或服务中去，有助于个人向外获取新知识，但不利于应用现有知识。共有构件知识是指需要雇员具备共有的知识结构，有部分重叠，但应当有更大的区分度。灵活提供了更多变异，能够在更多领域获取更多的新知识。适应社会状况的个体不但能够中介分散的社会关系，也能够有效地撬动有利的网络机会。通用的人才知识探索能够受限于合作型的社会资源，而被创业型的社会资源所强化。

机械式的组织资源。机械式的组织不总是排斥探索式的创业行为。吉布森等（2005）发现，标准化的工作程序能够互补有创造力的个体，通过依赖于已有工作惯例与执行任务和转化创新性的想法。机械式的组织结构能够提供利用上的整合、效率和稳定性。在这一角度上，通才可以判断已有组织的有效性。创业型的社会资源往往限制专才获取和移植其他特种知识，而合作型的社会资源或许会限制通用人才的创业行为。

4.2.3　组织双元型视角下的人力资源管理实践

遵循当代的人力资源观点，人力资源实践可以被分为不同的集合，与三种人力资源方式一致，人力资源实践可以区分为三种集合：（1）发展系统，包括技能需要、工作责任、轮换与培训，与人力资源密切相关；（2）员工关系系统，包括附属感、社会化、进步等，与社会资源密切相关；（3）绩效评价或控制系统，包括工作设计、工作流程、绩效评估、监督、授权等，也与组织资源密切相关。

管理人力资源——发展系统。聚焦于发展通才的企业往往使用基于技能的发展系统，包括宽泛和多维度的工作设计、工作轮换、基于潜在能力的招聘选择等。相反，聚焦于发展专才的企业往往使用基于岗位或职能的发展系统，包括较窄的工作设计、聚焦于职业的发展、基于员工和岗位匹配的招聘与选择等。

管理社会资源——员工关系系统。合作型的员工关系系统基于内部劳动市场，包括：内部的招募与提升；员工序列的报酬制度；社会化的指导、多源反馈系统等。创业型的员工关系系统基于外部市场或网络化的员工关系系统，包括：密集使用外部市场招聘；基于绩效的报酬制度，如个人激励体系、层级的报酬制度；跨部门的员工训练、员工间技能改善计划等。

管理组织资源——绩效或控制系统。机械式的组织资源假设在企业内存在相对完全的信息，组织活动或个体所采取的行动与结果之间的因果关系是明确的。在此假设下，重要的是保持员工个人与企业目前标准的一致性，消除不确定性，增加对个体行为的预测。相应地，绩效或控制系统指向于"错误回避"，人力资源实践更多是过程导向，而非结果导向，更多使用行为评估系统，绩效项目往往是自上而下的。相反，有机式的组织资源鼓励员工发展多样化的行为以灵活应对可能面对的不确定性。这些过程鼓励员工勇敢地面对失误，要把失误当成学习的机会。这一系统允许员工自己设定自己的目标，在过程中灵活调整他们的方式。这样的系统实际上就是扩大了员工的权限，使他们可以灵活地对付例外情况。人力资源实践包括：（1）减少管理者与员工间的地位障碍；（2）员工参与问题解决与决策；（3）把更多任务和责任交给员工；（4）给员工提供使用他们创造性的机会；（5）鼓励和实施员工建议；（6）发展性的绩效评估等。

图4-6框架展现了人力资源实践如何从两种匹配的角度组合起来共同支持双元组织能力的形成。通用性的人力资源结合创业型的社会资源和机械式的组织资源，扩大了嵌入员工个体的知识，促进了探索能力的提升；有机型的组织资源被专门性的人才和合作型的社会资源所支持，整合了嵌入员工的知识，促进了利用能力提升。

在图4-6中，存在两种匹配的模式：补充与互补（supplementary and complementary）。补充式的匹配发生于一个实体分享了另一个实体相似或匹配的特性，提供了相似的效果；互补式的匹配发生于一个实体提供了另一个

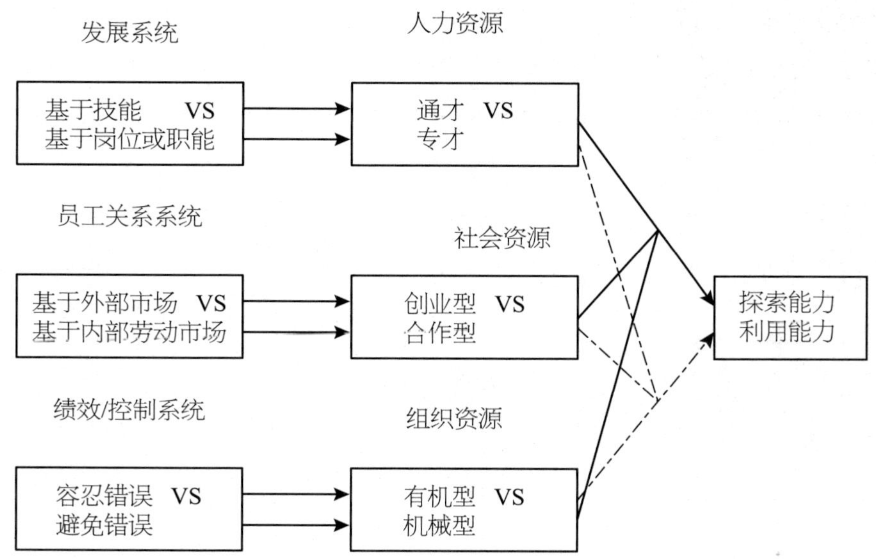

图4－6　组织双元型视角下的人力资源管理实践

资料来源：作者根据相关资料整理。

实体想要的需求，而提供的东西正好弥补了对方的弱项。在个体与环境的匹配中，补充式的匹配意味着具有的技能与组织已具有的技能高度一致，或个体的价值与组织价值相一致；互补式的匹配发生于当一位员工提供了组织所没有的技能。在战略联盟中，补充式的匹配意味着联盟双方贡献了相似的资源以增加市场影响力或经济规模；互补式的匹配指的是联盟双方贡献了不同的资源，带来了非富裕的特有技能促进了双方的合作效率。

每一种人力资源管理系统都存在补充式的匹配，在发展系统和员工关系系统间的匹配，以增强员工的技能和行为；这两种系统也存在绩效或控制系统上互补性的匹配，以导向探索性创业的行为。卡普利和克罗克－赫夫特（Cappelli and Crocker-Hefter，1996）对比了不同的企业（例如，BCG vs. McKinsey），这些企业在相同的产业竞争，但具有不同甚至相反的人力资源系统（例如，承诺型与市场型的），以形成他们的核心竞争力，存在殊途同归的效果（equifinality）。

组织双元型的两种不同形式：探索能力和利用能力则需要不同的人力资源管理系统与之匹配，这样的匹配不但是人力资源层面和社会资源层面，更需要组织资源层面的协调，三种不同的资源又会形成两种支持公司创业的不同组合：内嵌式与外推式，适合于不同的情景和不同的创业行为。这样两种人力资源管理系统组合带来了不同的人力资源管理策略组合，这样的策略组合反映在人力资源管理既相区别又相联系的发展系统、员工关系系统和绩效或控制系统上。实际运行的人力资源管理系统正是充满了这样既有悖论又需融合的“和而不同”过程。

4.3 高管团队的转化路径构建

最近，学者开始聚焦于高管团队过程的前因与后果研究。高管团队过程与群体过程很不相同，因为高管团队成员处理的是与企业层面相关的任务责任，个体作为高管团队相互影响的高层决策者。然而，很少的研究关注于实际中如何把团队的特征转化为组织的产出。汉布里克（1998）建议把特别的社会和任务过程重塑为行为整合的总体运动，体现出了高度的团队性（teamness）。高管团队行为整合表现出了对组织过程和结果的影响。汉布里克（1998）报告指出行为整合能够使高管团队通过整合知识和见识以创造核心竞争力，对市场需求正确应对，发展全球战略。

卡梅利（Carmeli，2008）发现高管团队行为整合和服务企业的多种绩效呈现相关关系。卡梅利和舒库布鲁克（Carmeli and Schaubroeck，2006）发现高管团队在对待团队过程效果上看法具有差异。特别是，当团队面临着迅速和难以预料的变化而导致组织下降时，行为整合将变得非常重要。鲁巴特英等人（2006）研究发现高管团队的行为整合与双元导向正向相关。

高管团队行为整合，高管团队行为复杂性、情景双元型和组织双元型关系如图 4 -7 所示。

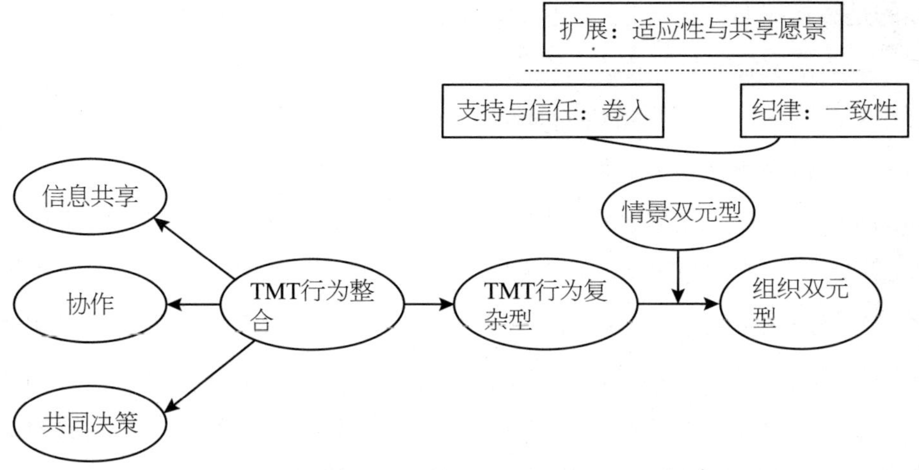

图4-7 高管团队行为整合、高管团队行为复杂型、情景双元型和组织双元型关系

资料来源：Carmeli and Yitzhak-Halevy. How top management team behavioral integration and behavioral complexity enable organizational ambidexterity：The moderating role of contextual ambidexterity. *Leadership Quarterly* ，20（2）：207-218，2009.

4.3.1 高管团队行为整合与高管团队行为复杂性

今天的复杂性理论关注于人类信息处理和检验个体或实体以应对模糊的和矛盾力量，包括同时存在的对立双方。因此，有效的领导是那些能够具备必然的认知和行为复杂性以应对相对行为的领导。复杂性理论包括变化的术语和方法，例如认知复杂性、整合复杂性和交互复杂性。萨提斯（Satish，1997）建议用行为复杂性（behavioral complexity）来涵盖所有的此类探索。

早期的自然生态研究建议为了适应和生存，可以通过信息机制来管理不确定性（例如情绪、派系、地位等），这对于系统的适应和生存是重要的。许多当代研究关注到了决策者在面对环境不确定时决策的重要和对管理绩效的重要性（Downey and Slocum，1982）。

学者们区分了两种关键的行为复杂性：行为技能和行为差异（behavioral repertoire and behavioral differentiation）（Hart and Quinn，1993；Hooijberg et al.，1997）。行为技能指的是管理领导者所体现的领导组合，而行为差异指的是领导在面对不同的组织情境时所体现出的管理能力。当考虑行为技能时，应该注意到领导被定义为所期望的功能和行为，领导角色假设是彼此部分相互冲突的角色（例如 Competing Values Framework，Quinn，1988）。相关研究也支持体现多种角色和竞争角色的管理者将更有效（Quinn，Spreitzer and Hart，1991）。例如，霍伊博格（Hooijberg，1996）的研究证实了行为技能对每个组织角色团队的正向相关性，例如属下、同事和上级，感知的有效性。该方法是类似于个体的研究方法，例如，考虑个体的情景学习和团队的情景学习构面。前者被定义为个体从组织学习到的能力感知，而团队情景学习，被定义为一组成员从组织学习的集体感知，是关于团队层面的组织学习（Black，Oliver，Howell and King，2006）。目前的研究指的是组织层面的行为复杂性，以检验高管团队所包含的领导角色组合（behavioral repertoire）和基于组织的不同情景所展现的正确的领导角色（behavioral differentiation）。

4.3.2 高管团队行为整合如何导出高管团队行为复杂性

遵循韦格曼、哈克曼和雷曼（Wageman，Hackman and Lehman，2005）对于团队有效性的定义，这里定义为在促使行为复杂性产生过程中的与社会和任务相关共同强化的过程角色。合作是一个与社会相关的过程，并定义为人员之间，公开和直接的沟通和冲突解决行为，以支持创新和实验。合作的过程包括：(1) 使得高管团队开发互补的资源和技能，以增加能够有效表现的领导角色组合（behavioral repertoire）；(2) 提升高管团队认知信息和理解复杂过程的心理能力（cognitive complexity）；(3) 增加高管团队权衡和提供最有效应对多样社会情景的反应行为（behavioral differentiation）。另外，通过合作，直接或间接地，通过激发承诺和参与（the Human Relation Model）促进了行为复杂性和创新（the Open Systems Model）。

研究证据显示与行为整合相关的参与式的决策或是共同决策，与任务相关的构面，增加了动机、工作满意度、承诺，促进了组织公民行为的产生，加速了信息流动，使得沟通更加公开和透明。这些次序的过程和行为能够赋予个体或团队强调内部（例如信息管理）和外部（例如创新）过程。然而，这些过程和行为能够帮助组织更加灵活和一体化（例如参与、公开），也包括结构和可预见性（例如控制、指导等）。

第三个与任务相关的行为整合构面指团队中信息交换的质量和数量。信息交换是个体和团队决策的关键差异。信息交换带来了关于决策方案更完整的信息和个体偏好，会导致更大的团队有效性。讨论信息交换的过程中，无论是频率和数量上，通过有效的和量化的高管团队内部决策，都会帮助团队成员的个体和整体团队对于环境的适应（例如开放系统的角色），和对于内部过程的管理（例如内部过程控制）。

就像上面讨论的，三个构面每个行为整合都能影响高管团队培养行为复杂性的能力。然而，既然这些构面是相关联系和互为增强的，他们的集体影响会很大程度上影响高管团队的行为复杂性。一些先前的研究发现高管团队行为整合影响组织的过程和结果。

高管团队在团队过程有效性上的差异，特别是在行为整合上的差异会导致高管团队行为复杂性上的差异。汉布里克等人（1996）认为过低的高管团队行为整合使得高管团队很难及时应对外界的挑战。西格尔和汉布里克（Siegel and Hambrick，1996）断言行为上整合的团队能够很好利用知识选择。高管团队行为整合能够帮助创造一个信任和相互支持的环境，提高了聚焦于当前任务而非政治与交易的过程，支持更高的承诺和追踪团队决策（Carmeli and Schaubroeck，2006）。而且，这种团队动态能够容纳相对立的观点，组合不同的知识以应对变化的市场需求，创造核心竞争力，发展全球战略。另外，提供了团队更广泛的见识，以对外部的多种投入保持敏感，使他们能够开发互补的个性、价值观、技能、经验和知识。

因此，高管团队的行为整合是提升高管团队行为复杂性的一个关键机制，行为复杂性反映更广泛的高管团队技能（例如多种角色）和行为差异性（例如执行多种领导角色的能力、更多适应性、更为灵活性等）。于是可以得到如下命题：

高管团队的行为整合性与高管团队的行为复杂性正向相关，越强的行为整合性带来越强的行为复杂性。

4.3.3 高管团队的行为复杂性和组织双元型

理解一个组织的高管团队如何设计和建设一个双元型的组织系统，进而把握矛盾的导向，比如探索与利用是一个关键的理论命题。事实上，鲁巴特英等人（2006）注意到虽然先前的研究指出整合的高管团队角色能够帮助创建双元型的机制（Smith and Tushman，2005），后者更多被高管团队驱动，即能够处理大量信息和决策方案，应对冲突和模棱两可的内部过程（Tushman and O'Reilly，1997），有必要区分这些高管团队过程的准确本质。

研究建议高管团队通过决策过程影响双元导向，高管团队从事资源分配和组织的设计决策以平衡短期和长期的产出（Smith and Tushman，2005）。史密斯和图什曼（2005）定义了平衡的战略决策：（1）关于已有产品和创新产品之间的资源平衡和分割，如何长期支持两种产品的决策；（2）从两种活动在机会、联系和整合方面整合的决策。

因此，高管团队如何平衡战略决策以达到组织的双元型，延续主流的研究取向就是强调高管团队内部过程的重要性，鲁巴特英等强调整合团队的社会和任务过程，高管团队整合促进高管团队的行为复杂性，反过来会促进双元型。

特别是，假定高管团队是一组领导角色的组合，并能有效管理，能够长期进行探索和利用的平衡决策。高管团队能够交换复杂的行为，例如担任多种领导角色，并根据组织情景不同而发挥不同作用，更有可能比复杂行为沟通较低的高管团队更能进行战略决策平衡。

传统上，行为复杂理论关心个体领导，建议有效的领导需要行为上的复杂性，因为需要应对外部复杂的环境，特别是组织外部的复杂性。然而，这一理论也适用于团队，特别是要面对不稳定的、复杂的和潜在模棱两可的环境，通过行为的复杂性以保持高绩效。研究显示通过一组领导角色系统技能和有选择的应用，有效的领导和较高的组织产出是可以达到的。这是因为行为复杂的高管团队不但能够履行多种行为角色，也能够根据情景灵活使用不同角色。另外，行为复杂的高管团队能够有效地管理比如探索和开发之间的矛盾情景，通过差异化的认知过程——差异化（通过认知和明确方向）和整合（通过转换分析的视角以识别潜在的联系；Smith and Tushman，2005）。

通过差异化，高管团队能够区分已有产品和创新。这一过程鼓励高管团队去探索新的议程（市场、竞争力、机会），而不破坏已有产品的开发。根据史密斯和图什曼（2005），区分战略议程能够使得高管团队发展出行为复杂性，以使得两种议程都能够保持。整合对于高管团队来说是这样一种方式，能够使矛盾着的战略相互帮助（Smith and Tushman，2005），强化并促进这些产品的整合。在这一逻辑下，提出如下命题：

高管团队的行为复杂性与组织双元型正向相关，越强的行为复杂性带来越强的组织双元型。

4.3.4 情景的调节角色

学者们早已指出需要考虑情景在领导研究中的重要性，因为领导是一个正在兴起的嵌入于特定组织的社会构造。事实上，卢梭和弗里德（Rousseau and Fried，2001）呼吁学者们情景化组织研究，因为没有考虑更多国家情景之间的差异化影响。

情景有许多方面，涵盖了各种条件和情景，都是外在的会影响到个体的行为。在这一研究中，考虑组织情景对高管团队行为复杂性和组织双元型间的调节效应。这是与结构化的双元型相一致的，考虑情景型双元导致双元能力的重要性（Gibson and Birkinshaw，2004）。情景型双元是一个多构面的概念，探索和利用相互联系又无法替代的关系。根据这一观点，双元型最好是要创造一种情景，使得个体能够根据自己的判断以有效区分自己的时间，应对探索和利用的挑战。

问题是双元型的组织需要什么样的情景构造？吉布森和伯金肖（2004）

采纳戈沙尔和巴特利特（Ghoshal and Bartlett，1994）的组织情景定义，包含了4个行为框架的属性：（1）纪律，会导致：清晰的标准和期望；开放和快速反馈系统；一致的处罚；（2）延展，意味着：共同远景的建立；共同身份的逐步呈现；在停工时间内个体意义的发展；（3）信任，会导致：公平和公正；参与性（involvement）；组织成员提升的个体竞争力；（4）支持，会导致：更大的资源可用性；更大的自主性；成员首创和创业精神的支持环境。

来自于戈沙尔和巴特利特（1994）所定义的情景型双元意指相互矛盾又相互补充属性的平衡。例如，组织需要既注意纪律性又注意延展性，因为需要给出个体明确的努力方向和更好开发已有的产品，又需要提供信任和支持以促进个体探索新产品的行为。相反地，太多关注一方都会有问题（Gibson and Birkinshaw，2004）。

相似地，有两种理论视角值得关注：一是竞争价值框架（Competing Values Framework，Quinn，1988）；二是组织文化模型（Organizational Culture Model，Denison，1990）。这些模型强调既相互矛盾又相互补充的要素，为了组织效果必须取得平衡。竞争价值框架模型强调灵活性与控制，内部与外部对比的差异性。就像丹尼斯、霍伊博格和奎因（Denison，Hooijberg and Quinn，1995）指出的，虽然奎因（Quinn，1988）没有发展出行为复杂性和情景型双元的概念，然而，他的领导模型强调了同样的主题：需要重塑对立的两极，比如稳定性与灵活性，协调这样的极端才能达到探索与开发的平衡。同样的情景，丹尼斯（1990），丹尼斯和米斯拉（Denison and Mishra，1995）强调了4种文化特征：卷入、一致、适应和使命，以及两大维度：内部和外部，灵活性和稳定性。组织需要建立一种情景平衡使命和卷入，一致和适应，这些都与情景型双元相关。

高管团队在形成组织情景上扮演着重要的角色。这些发生在影响价值链活动的各种决策和行动中。然而，最重要的问题是领导如何设计和培育特别的情景以导致组织更好的产生。必要的是，组织成员要寻找领导什么样的信号或暗示，什么样的行为是与组织要求相一致和可以接受的。团队权威研究发现领导的期望，以及他们的表现和行动，所期望的信号，会导致可能的结果。领导行为会深入影响属下的感知和行为。特别是可以通过设置突出的例子，来传达领导关心什么的信号。属下会认真关注领导的行为，进而调整自己的感知和行为。领导对成员直接的影响就是通过角色模型去塑造一定的情景。因此，组织领导被视作为重要的组织情景的形成和建造者。沙因（Schein，1992）认为领导行为是一个重要的组织情景的生成器。近来的研究提出要关注特定组织环境的特定情景产生问题，例如，一些研究关注于服务、伦理和安全环境的气氛形成，作为组织成果的重要形成要素。

遵循这样的研究思路，高管团队的行为复杂性是形成双元导向的重要影响因素，有效的高管团队是那些能够具有必要的认知和行为复杂性以应对相反行为的团队。就像雷和斯洛克姆（Lei and Slocum，2005）注意到的，为了有效地传达复杂的适应系统，高管团队成员需要制定能够整合几种核心价值观的战略组合。

史密斯和图什曼（2005）注意到高管团队能够有效平衡战略性的冲突，情景型或结构型的障碍时常会出现。领导一个组织有效地平衡战略性的冲突，依赖于组织情景如何有效规划和部署多种不同角色和有时冲突的组织情景。这就是吉布森和伯金肖（2004）所称的情景型双元，指的是基于特定组织情景，如何建立和驱使探索和开发能力同时存在的跨能力情景的出现。这一组织情景显示出能动的环境，在其中成员被训练如何认知和对矛盾、相反事物和复杂环境的应对。得到如下命题：

情景型的双元将调节高管团队行为复杂性和组织双元型的关系，发展出情景双元型的组织高管团队行为复杂性与组织双元型间的关系会更强。

第 5 章

中外案例研究

5.1

《今日美国报》(USA Today) 和视康公司 (Ciba Vision) 的经验案例[①]

古罗马神话中的两面神雅努斯 (Janus) 有两双眼睛——一双注视着后方，另一双注视着前方。

柯达 (Kodak) 在模拟摄影技术上出类拔萃，但未能一跃进入数码相机领域。波音 (Boeing) 长期以来都是商业飞机领域的领先者，但在军工产品的业务上却碰到了重重困难，后来又因面临空中客车 (Airbus) 的竞争而步履蹒跚。这说明再成功的公司也会面临发展中的困境。

① 查尔斯·奥赖利三世和迈克尔·图什曼，并联型组织：推动突破性创新，书东翻译，《中国哈佛商业评论》2005 年第 1 期，第 118 ~ 127 页。

来自斯坦福大学和哈佛商学院的两位教授，研究了9个不同行业的35次创新，发现企业有4种基本的创新组织方式：其中7次创新是在现有的职能性结构中进行，完全融入了常规的组织和管理结构之中；有9次成立了跨职能团队，在既有的组织结构内运作，但不受现有的管理层管理；有4次采用了无支持团队的形式，脱离了既有的组织和管理层，组建了独立的业务单位；还有15次是在并联型组织中运作，这里为突破性创新设立了独立的业务部门，每一部门具有自己的流程、结构和文化，但受现有的高级管理层管理。

在推行突破性创新产品或服务方面，并联型组织比其他三种结构方式要成功得多。采用跨职能团队或无支持团队形式的没有一个实现真正的创新，采用职能型结构的也只有1/4获得了成功。而采用并联型组织形式的则有90%以上都达到了目标。

然而，并联型组织究竟是如何运作的呢?《今日美国报》通过并联型组织策略，在日报这一成熟的行业中继续保持强势，同时还发展了一个强大的因特网业务，并向甘尼特电视网提供即时新闻。因特网泡沫破裂期间，当其他报纸的利润急剧下滑时，《今日美国报》还获利6000万美元。视康公司则成功地推出了一系列新的隐形眼镜产品；发明了一种治疗老年性黄斑变性的新药；开创了一种新的隐形眼镜制造流程，大大降低了生产成本，并在某些细分市场上超过了自己的老对手强生公司。此外，传统眼镜业务仍旧维持了足够的盈利能力，获得的利润为日抛型和长戴型隐形眼镜研发提供了所需要的资金。

这两家企业共同的经验包括：并联型组织需要两者兼顾型的高层团队和经理人；公司的高层管理团队即使自己不是两者兼顾型的经理人，也必须坚定地奉行并联型战略；公司高层团队坚持不懈地宣传一个明晰而具有说服力的愿景，对于设计并联型战略极为关键，因为这些愿景给员工一个全面的目标，使得挖掘老业务的潜力和开拓新业务能够并行不悖。

企业里的惯性力量是巨大的。许多曾经辉煌的公司在艰难时期衰落或者倒闭了，这突出表明，打破惯例是多么困难，尤其是打破那些使人感到舒服、有利可图的惯例。因此，对于此项研究成果，经理人员应该感到振奋。

成熟的公司可以通过开发创新产品和流程来自我改造，而且不需要破坏自己的传统业务就能做到这一点。建立并联型组织绝非易如反掌，但这种结构本身——将组织上的分开和高管团队的整合结合起来，却并不难理解。只要管理人员下定决心，任何一家公司都可以成为并联型组织。

5.1.1 一份彻底自我改造的报纸

20 世纪 90 年代后期，《今日美国报》的业务蒸蒸日上，但未来会怎么样还是一个未知数。这家全国性的报纸属于甘尼特公司（Gannett Corporation），自 1982 年创立以来已经走过了一段很长的路。创立之初，它的花哨的新闻报道风格还曾广受批评家们的奚落。在创刊之后的头 10 年里，该报亏损了 5 亿多美元，直到 1992 年才第一次盈利。此后，该报持续快速发展，成为美国发行量最大的日报。由于大部分订户都是腰包鼓鼓的商务旅行者，该报成为吸引全国广告商的一个平台，带来了稳定的营业收入。

随着时间的推进。报纸的读者不断减少，尤其是在年轻人当中。由于客户越来越多地从电视和网络媒体上获取新闻，报业的竞争愈演愈烈。此外，新闻用纸的成本也在迅速增加。《今日美国报》的总裁和发行人汤姆·柯利（Tom Curley）认识到，公司想要维持强劲的增长和利润，就必须将业务扩展到传统的平面印刷品之外。他意识到，这样的扩展会需要极大的创新。公司必须设法将自己现有的新闻采集和编辑能力应用到全新的媒体上。

按照自己的这些想法，柯利于 1995 年挑选《今日美国报》前任财经版主编，后来担任媒体项目总经理的洛兰·齐霍斯基（Lorraine Cichowski）来创办一个名为今日美国网（USAToday. com）的在线新闻网站。柯利授予她在平面印刷业务之外独立运作的自主权。洛兰成立了一个独立部门，从《今日美国报》之外招兵买马，并将他们安排在与报社不同的楼层。她建立了一种完全不同的组织，所有的职位和激励措施都是为了配合即时新闻报道，以及具有为创新精神和高度协作精神的文化。随着因特网用户的爆炸式增长，这一业务的成功似乎指日可待。

然而，结果令人失望。尽管到 20 世纪 90 年代末今日美国网获得了一点利润，但它成长缓慢，对整个公司的业绩几乎没有什么影响。在柯利看来，问题出在新部门太过独立于印刷媒体业务之外，以致无法利用该报庞大的资源。尽管齐霍斯基也是柯利高层管理团队的一员，但她几乎没有获得其他成员的支持。这些人将它的部门视为印刷媒体业务的竞争对手，没有帮助她取得成功的动力，也不愿将自己的大量资源与她分享。由于报纸继续消耗掉绝大部分的可用资金，今日美国网很快就发现自己的现金短缺得要命，并且人才也开始流失。

齐霍斯基努力争取使自己的部门从报社完全拆出去，就像当时其他公司对自己的因特网投资项目所采取的措施那样。但是，柯利却有一个大为不同的看法。她逐渐认为，部门所需要的不是进一步分离，而是进一步整合。1999年，柯利决定，《今日美国报》应当采取一项"网络战略"，在报纸、今日美国网以及甘尼特集团旗下的21家地方电视台这三个平台之间分享新闻内容。柯利这样描述了自己的愿景："我们不再身处报纸行业，而是身处新闻信息空间。我们最好学会以任何形式传递新闻内容。"

柯利知道，要执行这一战略，自己必须创立一个既能维持报纸业务，又能对电视报道和在线新闻业务进行创新的并联型组织。因此，2000年柯利用公司内部另一位强烈支持网络战略的高级经理取代了今日美国网的领导者，还引进了一位外部人士来创立一项电视业务"今日美国直击"（USA Today Direct）。在线业务和电视业务部门都与报纸分开，保留各自独特的流程、结构和文化，但柯利要求三大业务的高级领导层密切整合起来。在线业务和电视业务部门的主管与《今日美国报》的主编卡伦·于尔根松（Karen Jurgenson）一道，在每次的编辑会议上评估新闻稿件和任务安排，分享各自的想法，确定其他潜在的协作方式。例如，各业务部门主管很快发现，获得《今日美国报》记者们的合作对于网络战略的成功至关重要（众所周知，印刷媒体的新闻记者们喜欢储存新闻故事）。他们共同商定，对报纸记者进行电视和网络广播的培训，并给他们配备摄像机，这样他们可以同时为不同媒体供稿。这些举措很快取得了成效，因为记者们认识到，自己的报道将拥有更加广泛的受众，而且他们还有机会上电视。公司还在编辑部设立了"网络编辑"这一新职位，以便帮助记者们打造适合电视和网站的报道。

与此同时，柯利对组织及其管理团队进行了更大的改革。他解雇了不像自己那样致力于网络战略的许多高层经理，确保自己的团队形成统一战线，向员工传达一致的信息。他还改革了高层经理的激励方案，取消了原先按各自的目标进行奖励的做法，代之以与三大媒体的增长目标都挂钩的一个共同的奖金方案。人力资源政策也进行了改革，提倡员工在不同媒体部门之间调动，做升职和薪酬决定时开始把员工是否愿意分享新闻故事和其他内容考虑在内。除这些努力之外，公司还建立了一个名为“网络之友”的奖励计划，明确地对跨部门的工作成绩予以奖励。

不过，即使在提倡分享和协作的同时，公司还是谨慎地维持着三个部门各自的组织完整性。各部门在组织结构上保持相对独立，各自推行截然不同的用人模式。今日美国网的员工平均要比报纸记者们年轻得多，合作性更强，速度更快。而平面记者们继续保持极大的独立性，比电视部门的员工更注重新闻事件的深入报道。

由于建立了双元型的组织结构，《今日美国报》能够在日报这一成熟的行业中继续大力参与竞争，同时还发展了一个强大的因特网业务，并且向甘尼特的各家电视台提供最新的新闻报道。在因特网泡沫破裂期间，当其他报纸的利润急剧下滑时，《今日美国报》却获利 6000 万美元。这在很大程度上要归功于公司能够继续吸引全国的广告客户，并且从有利可图的今日美国网业务上获得了收入。

5.1.2 不断增长的新隐形眼镜业务

一家运用双元型组织、通过激进式创新来刺激增长的公司是视康公司。作为瑞士制药巨擘汽巴——嘉基公司（Ciba-Geigy，现已更名为 Novartis，即诺华公司）的分支企业，该公司创建于 20 世纪 80 年代早期，总部设在亚特兰大，向验光师和消费者出售隐形眼镜以及相关护眼产品。尽管该公司在早期生产了一些创新产品，例如第一批由美国食品和药物管理局（FDA）批准使用的双光隐形眼镜，但是直到 80 年代中期，该公司一直远远落在市场老大强生公司（Johnson and Johnson）的后面，位居第二。更糟糕的是，

1987年强生公司推出新的抛弃型隐形眼镜，对视康公司的传统隐形眼镜业务造成了威胁。90年代初，视康公司的总裁格伦·布拉德利（Glenn Bradley）已经看得清清楚楚，强生的主导地位带来了规模效应，必将使自己公司的利润每况愈下。如果没有激进的创新产品，视康公司将会逐渐衰退，乃至最终垮掉。布拉德利认识到，要想生存与发展，自己的组织必须继续依靠成熟的传统隐形眼镜业务赚钱，但同时要进行一系列的突破性创新。

1991年，布拉德利推出6项正式的开发计划，每项计划致力于一种革命性的变革。其中4项承担新产品开发任务，包括日抛型隐形眼镜和长戴型隐形眼镜，另外2项则是关于新的生产流程的变革。在一次具有争议但非常必要的行动中，布拉德利取消了几十项跟传统眼镜有关的小型研发计划，将资金解放出来用于突破性创新。尽管传统业务部门会通过自身努力继续追求“渐进式创新”，但整个公司的研发预算现在都被用于突破性创新。

布拉德利知道，在旧的组织框架束缚下实施这些项目是行不通的。在人力和财力分配问题上的争执，会不可避免地延缓和破坏突破性创新所需要的专业斗志。此外，新的生产流程需要不同的工艺技术，这会使得新老业务部门之间难以交流沟通。因此，他决定为新项目建立独立自主的业务部门，每个部门都有自己的研发、财务和营销机构。他还根据挑战现状的意愿和独当一面的能力来挑选项目负责人。

由于拥有建立自己组织的自主权，这些新部门创造出了迥然不同的结构、流程和文化。长戴型隐形眼镜的开发团队仍旧留在亚特兰大，不过与生产传统眼镜的部门不在一处，而日抛型隐形眼镜的开发团队则在德国。每个团队自己聘用员工，自行决定薪酬制度，自行选择从研发到制造的生产流程。

布拉德利明白保护新部门不受老业务的流程和文化规范影响的重要性，但是与此同时他也认识到，新部门彼此之间以及与传统业务部门之间也必须共享专门技术和资源。因此，他采取了一系列的措施，在整个公司进行管理层的整合。

布拉德利采取的第一个，或许也是最重要的一个措施是，让所有的突破性创新项目的负责人向同一位高层主管汇报，此人就是负责研发的公司副总裁艾德里安·亨特（Adiran Hunter）。亨特非常熟悉现有业务，并且与整个公司的高级主管关系都很密切。他与布拉德利紧密合作，谨慎地处理老业务部门与新业务部门之间的平衡与冲突。此外，所有创新项目的负责人都被邀请出席布拉德利的管理团队会议。

布拉德利和他的团队还为视康明确提出了一条新的愿景——“给生活一双健康的眼睛”，这对公司各业务部门都有重大意义。尽管这一举措主要是口头上的，但它产生了重大影响。它强调了突破性创新行动和传统业务之间的联系，让所有员工为一个共同的事业团结在一起，防止组织上的分离变成组织上的分裂。正如布拉德利所指出的那样，这个口号赋予了员工携手合作的一种社会价值和一个经济理由。像《今日美国报》一样，视康公司也修改了自己的激励制度，主要根据公司的整体业绩而非单个业务部门业绩来对管理人员进行奖励。

双元型的组织结构取得了成效。在接下来的 5 年里，视康公司成功地推出了一系列隐形眼镜产品；发明了一种治疗老年性黄斑变性的新药；开创了一种新的隐形眼镜制造流程，从而大大降低了生产成本，并在某些细分市场上超过了强生公司。此外，传统眼镜业务仍旧维持了足够的盈利能力，获得的利润为日抛型和长戴型隐形眼镜研发提供了所需要的资金。

在采用新战略之初，视康公司的年收入徘徊在 3 亿美元左右。10 年之后，公司的销售额增加了两倍多，超过了 10 亿美元。而转让给诺华公司制药事业部的新药，正在成为能带来 10 亿美元收入的业务。后来，视康公司又首创了可以改变眼镜颜色的时尚眼镜，继续从并联型战略中获益。

5.1.3 成为双元型组织

《今日美国报》和视康公司的经历，揭示了成为双元型组织所需要的条件。最重要的经验之一是：双元型组织需要两者兼顾型的高层团队和经理人，即那些有能力理解各种迥然不同的业务的需要，并对之保持敏感的经理人。这样的经理人员结合了降低成本的管理者和思想自由的企业家的特点，同时有着进行艰难的平衡所必需的客观公正，这样的管理者是罕见但不可或缺的一类人。如果没有汤姆·柯利、卡伦·于尔根松、格伦·布拉德利、艾德里安·亨特这些人——可能就是像他们中的一位所说的那种“一贯地不一贯”（consistently inconsistent）的经理人——《今日美国报》和视康公司就几乎不可能成功。

从《今日美国报》和视康公司学到的另一个重要经验是，公司的高层管理团队即使自己不是两者兼顾型的经理人，也必须坚定地奉行双元型战略。来自组织高层的阻力是无法忍受的，因为这种阻力意味着向双元型组织的转变可能是极为痛苦的经历。《今日美国报》的柯利解雇了40%的高级管理人员，而视康公司的布拉德利也在一些负责传统业务的经理人反对向新业务部门分派研发资金时请他们走人。这两位领导者都采取了新的激励方案来支持自己的行动，使得新的管理方法制度化。

他们还发现，公司高层团队坚持不懈地向员工宣传一个明晰而具说服力的愿景，对于建立双元型组织极为关键。这些远大抱负给予员工一个全面的目标，使得探索和利用能够并存。柯利的“网络战略”和布拉德利的“给生活一双健康的眼睛”就是具有说服力的愿景，它们强调了双元型战略的必要性，以及包括传统业务部门和突破性创新部门在内的所有员工的共同利益。

《今日美国报》非常清楚新闻记者们会很自然地持有怀疑态度，所以采取了一种尤为激进的方法来向员工传播新的愿景、战略和组织结构等信息。柯利把自己打扮成电脑朋克（cyberpunk），从一头蓝色的头发出现在公司会议上，从而开始了自己的传播行动。他回忆说，这种做法所要表达的信息是：“这是一个全新的世界，我们必须准备进入。”于尔根松开始每天给全体新闻工作人员发电子邮件，突出强调新方法的具体成就——例如，详细解释一名记者如何把一则原本用于报纸的报道搬到了网站和电视节目上。此外，公司要求管理委员会的所有成员每周都要在自己的部门内开吹风会和研讨会，讨论员工在自己的工作岗位上必须做出哪些改变。正如柯利现在所说的那样：“变革一旦达到了革命性程度，面对各种问题时越激进越好。”

5.2 苏宁易购案例①

苏宁易购的例子是另一个双元组织发展的极好案例，并且还在探索和发展过程中。首先需要从认识近些年我国家电业的电子商务发展开始。

5.2.1 我国家电业电子商务发展回顾

当前我国家电 B2C 网购虽然取得了一定的发展，但仍处于行业发展的初级阶段，在采购管理、平台技术、物流体系、售后服务、盈利模式方面仍需要不断探索完善，已经大致经历了如下阶段：

5.2.1.1 探索期（1999～2003 年）

行业的先驱者包括 8848，跟随者包括卓越、当当网等。行业本身的不成熟以及受到 2001 年全球互联网泡沫破灭的影响，B2C 模式进入低迷期。领头羊 8848 资金链断裂，最终陨落；忙于转型的卓越于 2000 年改版成功；当当网在首轮风险投资的支持中挣扎度日。过多企业成为行业成长的牺牲品，2003 年前后大批企业倒闭。

5.2.1.2 启动期（2004～2005 年）

经历了 2003 年的“非典”，B2C 市场开始经历复苏，投资泡沫开始褪去，理性回归，细分市场快速发展。2004 年 1 月刘东强创造了自己的网上零售王国——京东多媒体网；2 月当当网完成第二轮融资，开始向综合型转变；6 月徐沛欣开始经营母婴用品的垂直型 B2C 网站——红孩子；7 月亚马

① 本节资料是作者到公司实地调研，根据苏宁电器、苏宁易购网站以及苏宁电器上市报告书的分析等整理。

逊以7500万美元收购卓越网，卓越正式成为亚马逊全球的第七个站点。2005年，中国消费市场迎来井喷。2004年4月至2005年8月中国的消费增长率连续16个月超过12%，整个行业欣欣向荣。

5.2.1.3 高速期（2006年至今）

收购、合并、注资，几大重要网站出现鼎力之势，2008年经济危机席卷全球后，网购助中国经济逆流而上，B2C商业模式也逐步走向成熟。2006年淘宝开创全新B2C业务，推出淘宝商城。

2007年5月当当网获得第三笔风投后，在北京建立的物流中心正式运营；6月卓越正式更名为“卓越亚马逊”，开启了其多元化产品经营之路。

2008年，今日资本分别给京东商城和钻石小鸟网进行投资；8月由启明创投领先投资服装垂直类B2C新宠——凡客诚品。2008年是网购B2C市场突飞猛进的一年，其市场交易规模实现了翻倍。

艾瑞咨询统计数据显示，2010年中国B2C交易规模达630.0亿元，占中国整体网络购物市场交易规模的比重为12.7%，较2009年增长三个百分点；其中，类似京东商城、卓越亚马逊等自主销售式B2C交易规模占6.6%，淘宝商城等平台式B2C交易规模占比6.0%。艾瑞咨询预计，2011年平台式B2C交易规模将超过自主销售式B2C。

各类电子商务类型比较如表5－1所示。

表5－1　　各类电子商务类型比较

分类	家电企业自建网上商城	家电商家电子商务网站	门户电子商务网站	专业B2C家电电子商务网站
代表	海尔、美的、松下等知名家电企业纷纷建立起自己的网上专卖店	三联、国美、苏宁等在线商城	网易、搜狐、新浪、中国家电网等门户网站开设的家电商城	京东商城、品牌家电网、淘宝网等专业B2C家电电子商务网站

续表

分类	家电企业自建网上商城	家电商家电子商务网站	门户电子商务网站	专业 B2C 家电电子商务网站
特点	产品信息更新快，信息准确度高；可以提供客户定制产品，客户主体为高认知度和高忠诚度消费者；而且信誉度高，售后服务有保证，消费者比较放心	品牌多，琳琅满目，消费者可选并进行对比的产品多；价格与卖场基本持平；特别是苏宁，对网络销售前景十分看好，希望家电销售能在线下和线上同时前进	以个人家电用品和特色新奇家电居多；平台运作经验丰富，可以提供较多的消费资讯，使网民资讯与购物一步到位，顺理成章；网站流量大，知名度高，结合论坛互动性较强	运作较成功，家电零售商对其的关注度也越来越明显。2008 年京东商城 6 月的营业额已经超过 1 亿元人民币；2007 年淘宝网的销售额达到 433.1 亿元人民币，超过了沃尔玛与家乐福两大企业销售额之和
缺点	产品品牌单一，不能满足顾客多品牌对比选择的需求；且主要目的是宣传推广产品，将消费者引入实体店，并没有真正意义上实现网上销售	商家重视程度还不高，投入较小；大家电销售比例小；产品信息繁多，准确性不好，而且并非宣传所讲的那样与商场实体店零售价差别明显；占企业总的销售额比例非常小，微乎其微	家电产品种类少，人气不高；售后支持不足	即便这几家商城运作值得业内称赞，但物流、部分售后等问题仍然是其发展路途上的障碍

近些年，中国零售业正在发生着潜移默化的转型变革。一方面，结构转型、拉动内需的产业政策长期持续推进，将促进零售业稳定的发展，但宏观调控政策也带来了短期内的影响；另一方面，互联网技术、智能终端等信息科技的蓬勃发展和快速应用要求零售业的提升、市场竞争层次的提高，零售业必须实现从店面网络快速拓展阶段向全面精细化经营管理阶段的过渡。

5.2.2　苏宁易购的产生与发展

1990 年，苏宁创立于南京。截至 2011 年年底，连锁网络覆盖中国内地、中国香港和日本地区共 600 多个城市，拥有 1700 多家连锁店，员工 18 万人。作为国家商务部重点培育的“全国 15 家大型商业企业集团”之一，苏宁名列中国民营企业前三强，入选《福布斯》亚洲企业 50 强、《福布斯》全球 2000 大企业中国零售业第一，品牌价值 815.68 亿元。2004 年 7 月，苏宁电器（002024）在深交所上市，成为国内首家 IPO 上市的家电连锁企业，市场价值位居全球家电连锁企业的绝对前列，荣获“中国最佳企业管治奖”、“中国最具投资价值上市公司奖”、“中国最具竞争力上市公司”等诸多荣誉。

苏宁从准备到发展 B2C 业务经历了四个阶段。最早是十多年前嫁接门户尝试网购，但主要目的还是在于宣传；之后自立门户、树立网络销售形象，同期线下实体网络建设不断加速；随着全国实体网络的建立以及会员制数据库营销的建立，初步启动网上平台的运营，探索经验，优化系统平台；最后是在当前内外部条件完全成熟的背景下，全面升级、力推网购，苏宁连锁网络的“空军”兵种全面起飞。

追究苏宁发展电子商务的动机，无疑市场的发展是第一位的驱动因素，近年来网络购物的超常规发展速度震惊了苏宁管理层。2009 年是网络购物的“爆发之年”，从网购用户规模、交易规模及电子商务网站规模都急剧增长。据 CNNIC 数据显示，2009 年中国网络购物市场交易规模达 2483.5 亿元，占社会消费品零售总额的 1.98%，同比增长 93.7%，预计 2013 年网购交易规模有望突破 1 万亿元。

而在网络购物中，中国家电网购业也取得快速发展，2009 年销售额增长率高达 200%，超过 400 亿元。国际著名调研机构 GFK 监测数据显示，2010 年国内家电网购超过 800 亿元。对此，苏宁电器认为，近十年来，家电连锁门店零售 70% 的平均年复合增长率在实体零售界已是惊人的数字，而 B2C 网购的每年翻番的增长速度实在令人惊讶。

家电网购从以淘宝 C2C 小卖家网销萌芽起步，到京东商城、世纪电器网、新蛋中国、新七天等的 B2C 网上商城模式涌现，再到以海尔、创维等品牌家电厂家为代表的网络直销模式的崛起，以及近期以苏宁、国美为代表的渠道商战略布局电子商务“制高点”，纷纷自建网购平台，无疑凸显了中国家电网购市场诱人的前景。

苏宁电器集团发展电子商务的历程如表 5－2 所示。

表 5－2　　苏宁易购发展大事记

序号	时间	事件	性质	目的
1	2006 年	南京、北京、上海、广州、深圳等地开通网上商城业务，进一步拓展公司营销渠道	尝试网购	宣传为主
2	2007 年	通过 B2C 网站升级、大客户开发和异业合作等措施，进一步拓展团购、网上购物等销售渠道	多渠道销售	丰富传统销售渠道
3	2008 年	进一步明确 B2C 业务的未来发展方向，成立专门的组织体系，积极准备 B2C 网站升级优化工作	优化 B2C 网站	优化新兴渠道
4	2009 年 8 月 18 日	苏宁电器网上商城全新升级，并正式更名为“苏宁易购”	虚拟专业化购物与服务网站的尝试	认为是实体店的重要补充
5	2010 年 2 月 1 日	正式上线，2010 年 B2C 业务实现的含税销售金额约为 20 亿元（其中线上订单、店面支付约 8 亿元，后期公司取消了该模式，只重点发展线上订单、线上支付）	3C 电子商务网站的正式运营	抢占电子商务的新平台优势
6	2011 年 2 月 23 日	公司在南京发布了 2011 年电子商务整体发展规划，B2C 业务作为上市公司控股的独立运营体系，逐步实现公司化方式运作	自立门户，公司化独立运作	从原有销售体系中全面独立出来

续表

序号	时间	事件	性质	目的
7	2011年10月31日	苏宁易购图书频道上线，首期60多万SKU①引爆网购图书市场，易购的销售品类已由家电拓展至百货、快消品、虚拟产品等领域	向图书等综合购物平台发展	改变根深蒂固的3C店形象
8	2012年2月15日	苏宁电器2012年度春季工作规划与部署会议，宣布苏宁易购将对家电行业相关产品之外的大众百货商品领域，包括图书、家居、玩具、动漫、手表、模型、休闲食品等；张近东对苏宁易购提出了新的要求：苏宁易购在2011年实现70亿元销售目标的基础上，2012全年定标300亿元	加大新增长点的建设力度，提出超常规发展新目标	全面战略转型，实体店与虚拟店的全面并重发展
9	2012年4月23日	苏宁易购总部基地奠基仪式在集团总部隆重举行	独立办公场所的正式建设	独立事业部的进一步壮大

2006年，苏宁在南京、北京、上海、广州、深圳等地开通网上商城业务，进一步拓展公司营销渠道，其性质在于尝试网购，目的仍是宣传为主。

2007年，苏宁通过B2C网站升级、大客户开发和异业合作等措施，进一步拓展团购、网上购物等销售渠道，性质是多渠道销售，目的是丰富传统的销售渠道。

2008年，苏宁进一步明确B2C业务的未来发展方向，成立专门的组织体系，积极准备B2C网站升级优化工作，目的在于优化B2C网站和优化新兴渠道。

2009年8月18日，苏宁电器网上商城全新升级，并正式更名为“苏宁易购”，标志着苏宁虚拟专业化购物与服务网站的尝试，但同时只认为是实

---

① 英文全称为Stock Keeping Unit，简称SKU，定义为保存库存控制的最小可用单位，例如纺织品中一个SKU通常表示：规格、颜色、款式。STOCK KEEP UNIT是客户拿到商品放到仓库后给商品编号、归类的一种方法。还有的译为库存单元或库存单位等，专业物流术语解释为“货格”。

体店的重要补充。

2010 年 2 月 1 日，正式上线，2010 年 B2C 业务实现的含税销售金额约为 20 亿元（其中线上订单、店面支付约 8 亿元，后期公司取消了该模式，只重点发展线上订单、线上支付），标志着 3C 电子商务网站的正式运营，目的是抢占电子商务的新平台优势。

2011 年 2 月 23 日，公司在南京发布了 2011 年电子商务整体发展规划，B2C 业务作为上市公司控股的独立运营体系，逐步实现公司化方式运作，标志着自立门户，公司化独立运作，从原有销售体系中全面独立出来。

2011 年 10 月 31 日，苏宁易购图书频道上线，首期 60 多万 SKU 引爆网购图书市场，易购的销售品类已由家电拓展至百货、快消品、虚拟产品等领域，向图书等综合购物平台发展，改变根深蒂固的 3C 店形象。

2012 年 2 月 15 日，苏宁电器 2012 年度春季工作规划与部署会议，宣布苏宁易购将对家电行业相关产品之外的大众百货商品领域，包括图书、家居、玩具、动漫、手表、模型、休闲食品等；张近东对苏宁易购提出了新的要求：苏宁易购在 2011 年实现 70 亿元销售目标的基础上，2012 全年定标 300 亿元。加大新增长点的建设力度，提出超常规发展新目标，全面战略转型，实体店与虚拟店的全面并重发展。

2012 年 4 月 23 日，苏宁易购总部基地奠基仪式在集团总部隆重举行，独立办公场所的正式建设，独立事业部的进一步壮大。

从双元型的结构分析，苏宁易购发展历程经过了四个主要的变化形态。第一个结构形态：职能型结构，如图 5－1 所示。

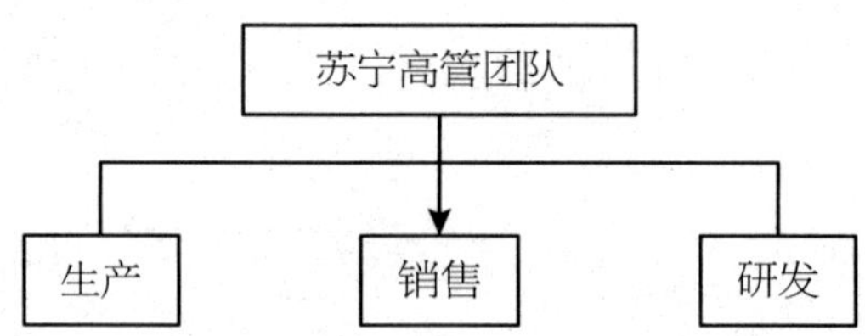

图 5－1　职能型结构（2009 年 8 月之前）

最早是十年前嫁接门户尝试网购，但主要目的还是在于宣传，将项目团队融入现有组织和管理结构之中。

第二个结构形态：跨职能团队，如图5－2所示。

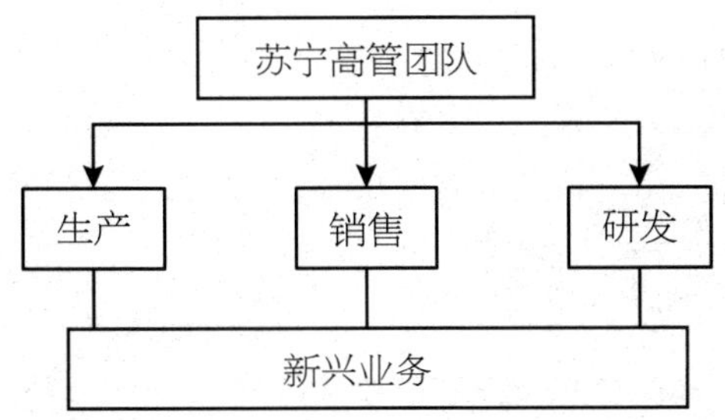

图5－2　跨职能团队（2009年8月至2011年1月）

作为新的业务单位，在既定的组织结构内运作，但同时也受现有的管理层管理。标志性事件是苏宁电器网上商城全新升级，并正式更名为"苏宁易购"。

第三个结构形态：独立发展团队，如图5－3所示。

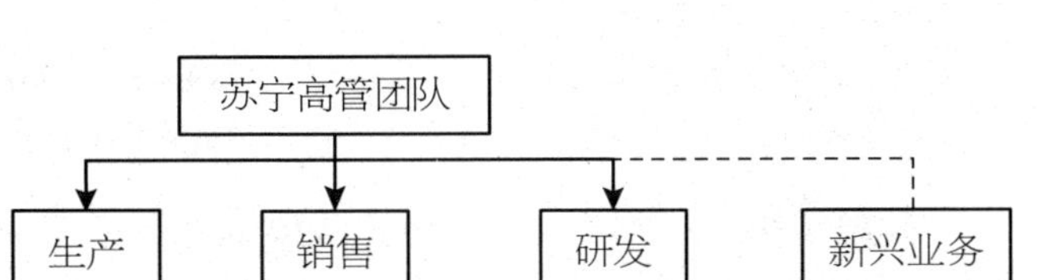

图5－3　独立发展团队（2011年2月至2012年1月）

脱离既定的事业部组织和管理层，而自立门户。标志性事件是公司在南京发布了2011年电子商务整体发展规划，B2C业务作为上市公司控股的独立运营体系，逐步实现公司化方式运作。

2011年公司完整地提出了面向未来十年发展的战略规划，以"科技转型、智慧升级"为核心，从连锁发展、营销创新、电子商务、服务升级等方面阐述了清晰的发展路径，最终就是要实现由单纯的产品提供商向综合消费解决方案提供商转变，从全品类的商品提供、内容和增值服务的提供，为个人、家庭、中小企业进行全方位的需求运营。

第四个结构形态：双元型组织雏形，如图5－4所示。

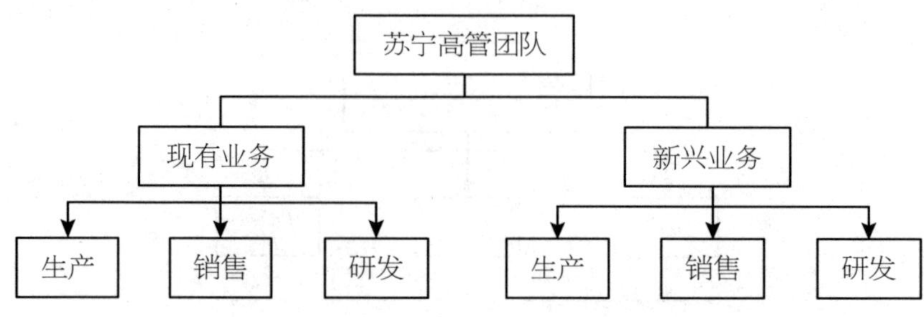

图5－4　双元型组织雏形（2012年2月至今）

设立结构上独立的事业部单元，每个事业部都有自己独特的流程、结构和文化，但又受现有的高层管理团队管理。2012年公司将会搭建起依托于逐步强大的采购平台、物流平台、信息平台、人力资源平台基础之上的“苏宁连锁、乐购仕连锁、苏宁易购”三个战略业务单元协同发展的框架。在新的框架下，公司将会从以下几个方面实现商业模式的升级和盈利模式的优化。

从产品线上来看，公司的经营品类将在经历了从空调到综合电器、再到3C产品的基础上向百货、日用品、图书、虚拟产品、金融产品等全品类迈进，逐步步入综合零售商的发展之路。公司将优先借助苏宁易购的平台开展多品类经营，在成熟的前提下，向乐购仕连锁、苏宁连锁依次推广。从这个意义上来看，苏宁易购有效地突破了实体经营的局限，充分地挖掘了公司二十年来所积累的前后台能力，快速地实现品类的拓展，有效地提升了企业经营的边际效应。

2012年，苏宁易购升级为与公司六大管理总部平行的战略业务单元，将继续优化组织架构，加大专业人才的引进力度，进行信息平台升级、做好用户体验细节，拓展产品类及服务内容，打造“让网购更享受”的综合网络购物平台。

5.2.3　苏宁易购的展望与挑战

2009年开始苏宁就提出了“营销变革”并率先尝试实体店与互联网业

务共举的战略。通过三年的不断实践、完善，2011 年公司完整地提出了面向未来十年发展的战略规划，以“科技转型、智慧升级”为核心，从连锁发展、营销创新、电子商务、服务升级等方面阐述了清晰的发展路径，最终就是要实现由单纯的产品提供商向综合消费解决方案提供商转变，从全品类的商品提供、内容和增值服务的提供，为个人、家庭、中小企业进行全方位的需求运营。

在苏宁电器召开的 2012 年度春季工作规划与部署会议上，各个管理和业务体系全年的发展战略和目标得以一一明确，其中苏宁易购的发展被定义成整个苏宁发展的核心工作，围绕组织团队建设、采购运营变革、信息服务升级等苏宁也制定了全面的发展年度攻略。苏宁易购将被提升为苏宁电器旗下一个新的总部，以独立的事业单元形式开展运作，组织体系也大幅度扩编，集团抽调了包括 20 多名高管在内的生力军进入苏宁易购，年内总人数将扩充至 3000 人，并于 2012 年开建苏宁易购总部基地。

同时苏宁易购还计划在全国 12 个重点城市设立地区管理公司，强化属地化运营和服务能力。2011 年已进入全国 B2C 前三甲的苏宁易购，对 2012 年设立了全年 300 亿元的销售目标，年内要实现 3C 家电网购市场第一，努力打造与实体苏宁“等量齐观”的虚拟苏宁。

这说明，苏宁易购逐步实现公司化独立运营，从经营定位、核心能力、运营模式、技术体系、团队建设等方面已经搭建了清晰的经营框架，形成了明确的发展路径。苏宁易购已成为公司未来十年最重要的发展战略之一。

2012 年逐步搭建起依托于逐步强大的采购平台、物流平台、信息平台、人力资源平台基础之上的“苏宁连锁、乐购仕连锁、苏宁易购”三个战略业务单元协同发展的框架。在新的框架下，公司将会从以下几个方面实现商业模式的升级和盈利模式的优化：

从产品线上来看，公司的经营品类将在经历了从空调到综合电器、再到 3C 产品的基础上向百货、日用品、图书、虚拟产品、金融产品等全品类迈进，逐步步入综合零售商的发展之路。公司将优先借助苏宁易购的平台开展多品类经营，在成熟的前提下，向乐购仕连锁、苏宁连锁依次推广。从这个意义上来看，苏宁易购有效地突破了实体经营的局限，充分地挖掘了公司二十年来所积累的前后台能力，快速地实现品类的拓展，有效地提升了企业经营的边际效应。

在实体连锁由于选址、人员、开店周期等客观因素暂时不能覆盖的市场或者经营能力有待提升的市场，苏宁易购可以打破时间和空间的局限，形成与实体店有效的互补，有助于地区综合竞争策略的实现。

从用户体验上来看，随着互联网、智能技术的发展，用户体验的需求不断升级，单一的店面体验，或者单一的互联网体验都不能满足消费者日益增加的用户体验需求。互联网对于便捷的信息获取比较、交易支付、互动交流以及智能终端使用体验，促进购买行为有非常大的优势，但是门店在消费者直观体验商品、提货验收、试用商品、售后服务、随即购买立即使用等方面也有不可替代的作用，同时不断升级的店面业态也将不断满足未来消费人群对购物休闲场所的需求。所以消费者的用户体验一定是贯穿线上线下，包含售前、售中、售后的完整的用户体验。

从商业模式上来看，新的战略业务单元的组合形成了实体与线上“虚实互动”的业务发展模式，而不是简单的互相竞争。从盈利模式上看，“旗舰店 + 电子商务”的模式可以有效地减少店面租金和人员费用等社会成本上升带来的压力，相比现有大量社区店形成的销售规模，更具有规模效应和投入产出；而产品线的拓展也有效地提升了边际效应；同时服务内容的增加将会极大提高公司经营的附加值，提升盈利能力。

2012 年，苏宁易购升级为与公司六大管理总部平行的战略业务单元，将继续优化组织架构，加大专业人才的引进力度，进行信息平台升级、做好用户体验细节，拓展产品类及服务内容，打造“让网购更享受”的综合网络购物平台。

随着公司转型变革工作的深入，特别是三级、四级市场的逐步下沉以及电子商务业务的迅速扩张，对公司的管控能力、商品研究能力、消费者信息挖掘能力等提出了较高的要求，电子商务业务更是要求公司必须具备符合互联网业务规律的系统开发、运营能力等，而目前，相关专业人才的缺乏已对公司的发展产生了一定的影响。电子商务平台独立运营，公司化运作，进一步调整组织架构，按照互联网企业标准建立人员引进机制，并提供具有市场竞争力的薪酬激励政策。

为实现易购在各地的快速发展，2012 年苏宁易购还将不断完善分公司组织架构职能，将在北京、上海、广州、成都等全国 12 个城市成立地区管理公司，参照总部各体系架构与职能，设立相应岗位与人员，强化当地的属地化运营和服务能力。各地公司在做好易购市场宣传与销售的同时，将重点关注校园、银企单位与大客户的销售工作。同时提升服务响应效率与满意度，为消费者提供高效的配送、售后服务保障。

苏宁易购的发展，并非因市场竞争因素被动实施，而是基于企业转型变革的战略规划顺势而为，互联网的发展为公司提供了转型升级的机遇和平台。“虚实互动”的发展模式也是中国零售业转型升级的趋势，是中国乃至全球的所有行业都必须思考的问题。

5.3
苏通大桥建设中的双元型理论应用①

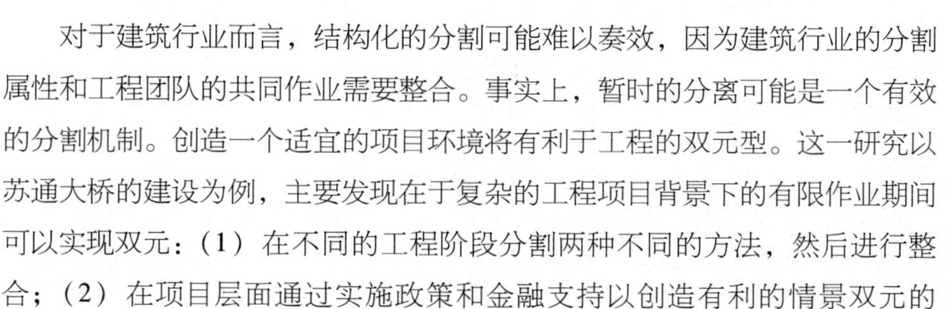

对于建筑行业而言，结构化的分割可能难以奏效，因为建筑行业的分割属性和工程团队的共同作业需要整合。事实上，暂时的分离可能是一个有效的分割机制。创造一个适宜的项目环境将有利于工程的双元型。这一研究以苏通大桥的建设为例，主要发现在于复杂的工程项目背景下的有限作业期间可以实现双元：（1）在不同的工程阶段分割两种不同的方法，然后进行整合；（2）在项目层面通过实施政策和金融支持以创造有利的情景双元的环境。

对于实践者，这一研究显示出组合全规模检验（full-scale testing），第一责任保证（first article assurance）方法和其后的过程改善方法将是一个有效的管理大型和复杂工程的创新途径。典型的与探索相关的方法比如研究与

---

① 译自 Li Liu，Xuerong Wang，Zhaohan Sheng. Achieving ambidexterity in large，complex engineering projects：a case study of the Sutong Bridge project. *Construction Management and Economics*，2012，30（5）：399－409.

发展管理，而 TQM（全面质量管理），各种能力成熟模型（Capability Maturity Models，CMM）和 6 sigma 方法代表了开发的例子。在工程层面，研究显示当任务环境的不确定性低时，传统的“计划—执行—控制”（plan-execute-control）方法将发挥较好作用，管理的重点在于微调与纠偏或是开发已有的能力。

双元与涉及重大创新的大型和复杂工程管理密切相关。这些工程由于独特的本地环境或需求，经常面对不可预见的不确定性。特别是，工程项目需要识别特别的问题解决办法，也需要在有限的工程期限内重复已有的工作思路。能够持续创新同时解决新的问题将是重要的挑战。

很明显，在苏通大桥项目的工程阶段，双元管理就包含了探索与开发活动的暂时分离，两者的整合，每一个工程阶段组织的相应支持和关键挑战。表 5－3 显示了不同工程阶段的探索与应用创新过程。聚集于探索、开发以及两者整合，组织的支持和工程阶段的演变来阐述重大工程项目中双元管理如何实现。下面使用了工程生命周期的四阶段模型：概念、设计、建设和工程后阶段。概念阶段从 2001 年 1 月到 2003 年年中。设计和建设阶段从 2003 年年中到 2008 年 6 月。工程后阶段开始于大桥的工程结束之时。

表 5－3　　　　不同工程阶段的探索与利用活动

工程阶段	概念	设计	建设	工程后期
活动	概念设计，问题识别	通过试错验证解决方案的有效性	把新的过程整合进已有的建筑过程	后评估
类型	通过对不同设计方案的评估和挑战分析	通过不同工程方案的试验探索	通过持续的改进进行开发创新	通过识别教训的开发过程
产出	十大工程挑战的概念设计，政府承诺	对新的解决方案的验证	适应性的建筑过程以整合新方案的程序	改善的工程过程
组织支持	认知到创新的需要	通过分离研究发展和试验	在有限约束下完成工程的激励	政府资助的后评估，对于创新的奖励

从概念的早期阶段，领导就意识到建设一个极端地质条件和水利条件环境，需要创造多项世界纪录项目的创新。一系列委员会的研究和来自国际桥梁设计和建设专家小组的建议，使得可替代方案的探索能够满足工程挑战，也能够符合地质技术条件的要求。一旦线缆设置方案得到确认，探索将转向识别关键工程挑战的努力。

起初，领导已经意识到鼓励工程创新和把创新技术扩散到其他项目的必要性。例如，创新的溢出效应在工程创新中起着重要的作用，但是很难让工程承包商接受。工程承包商的工程传递意味着他们希望利用而非探索活动，除非他们的探索活动风险能够被部分抵消。因此，政府必须分配另外的预算资源给他们的研发努力。事实上，一些创新努力就得到了政府各种各样的奖励。

面对一个最有挑战性的工程项目，使得政府把承包合同中的竞争资源分配到克服主要挑战中的创新研发中。分配研发预算的主要目的就是鼓励承包商的创新，分担部分融资风险，发展内生的技术。一些苏通大桥建设中的关键技术已被中国的其他重大工程项目采纳。一些文献建议组织具有利用已有技术和被证实能力的倾向，导致所谓的能力或成功陷阱（capability or success trap，Gupta et al.，2006）。因此，创造一个鼓励新能力探索进而带来风险的情景是很重要的。

在设计阶段，主要的关注点在于通过试验和实验找到可实施的工作方案。项目组做了超过100次的单独试验。特别是，对于新方法和过程全面的，真实条件的试验会增加设计和探索的可行性和信度。在这一阶段，通过不断尝试直到找到可实施的方案。与概念阶段只是比较不同方案的优劣不同，这一阶段强调的是探索与验证各种创新方案克服工程挑战的有效性。这一阶段是至关重要的，因为之前所有的创新方案都没有被试验过，为了在有限的条件和各种约束条件下完成建设任务，关键是要验证各种方案的可行性。特别的预算能够鼓励新方法的探索，特别是需要全面和真实检测的要求下。这一阶段探索性的创新处于主导地位。

在设计阶段已经验证和发展了新方案的可行性，下一步就是把这些方案整合进建设阶段。关键的实践之一是“首件确认（first article assurance）”，就是把从全面真实条件试验中获得的经验变成可以实施的程序和测量标准。依赖这些实践，建设和质量评估能够得到实施，一旦这一过程得到实施，主要目的就是获得效率目标而持续地改善的努力。流行的创新方法就是利用式创新。

最后在工程后阶段，工程项目办公室执行项目的评估，识别已有的经验，并把创新建设过程应用于中国的其他项目中。关注点在于把已有经验教训应用于未来的工程中，这一阶段主要的方法是利用式创新。这一大桥已经赢得了2010年美国国内工程师学会（ASCE）2010杰出成就奖励。

检验探索与利用的工程过程发现，这两种类型的创新有一个清晰的暂时分离过程，在概念和设计阶段，更多是探索式创新，而在建设和后评估阶段，更多是利用式创新。前者的主要目的是识别和验证可执行的方案，而后者的主要目的是改善建设过程的效率。两者交叉很少，两个阶段的整合和连接通过所谓的“首件确认”过程（FAA）。大多数时间，或是探索式创新主导，或是利用式创新主导。

有几个组织的安排能够鼓励承包商承担必要的检测风险或是使用新的建设程序。第一个因素是分配特定的预算到全面检测或是真实条件检测中，被政府直接的补贴。必要时，政府会对克服关键技术障碍的试验进行成本补偿。从最初的可行性研究阶段，政府识别了主要的技术挑战，基于专家小组的建议，政府识别研发的需要，并分配相应的预算。作为程序的部分，大学也会参与到各种研究项目中，并得到相应的预算。

第二个因素是超强的领导和对过程创新、材料创新、设备创新和管理创新的重视。政府非常预先强调政府机关、产业界、大学和研究机构间的合作。政府在选择和融资主体上起着主导作用，并且预先协调项目的合作。政府机关预见从苏通大桥中潜在的收益，成功的创新会受到奖励和公开化。这里的目标不但是克服大桥建设面对的挑战，而且可以从溢出效应中得到回报。

而且，政府在工程项目成本上的灵活性，允许因为创新过程中不确定所导致的成本增加而进行合理补偿，直接有利于创新过程。没有这样的灵活性，承包商为了避免可能的成本增加而抵制新的创新方法。

5.4

江西移动管理创新双元型案例①

江西移动通过实施效率管理完全全面变革与调整，达到缩短服务客户需求响应速度、提升综合运营效益、促进卓越运营体系构建的目的，为新跨越战略的实现提供有效支撑，并打造企业持续发展力。效率管理的实现过程体现出显著的双元型特点。

在时间维度上，首先通过开发性学习对问题进行识别和探究，发现江西移动面临来自企业内部机构臃肿、壁垒严重、协同不力等发展需求及三网融合、价值链融合、业务与内容融合等外部竞争的双重挑战。从内外部访谈和调研、流程体系梳理和诊断、效率指标对标三个角度对企业的效率现状进行全面系统诊断，得出江西移动在流程管理、绩效管理、质量管理、风险管理、组织管理和IT支撑体系中存在不同程度的问题；接着，通过探索性学习获取效率管理知识，即对外部已有的创新实践或方法进行审视，发现效率管理作为战略目标驱动下的一种企业基础性管理工作，强化全程监控、刚性量化和柔性响应，注重各模块之间的互相匹配，寻求各组织要素、各环节、各管理措施以及各种手段、工具的最佳组合，可能成为解决公司现存问题的有效途径；然后，再通过开发性学习方法拟订实施方案，即构建由流程管理、组织管理、绩效管理和知识管理等模块组成的效率管理理论框架。

空间分离型双元相对复杂，表现为实施过程中在省公司战略发展部领导下四个模块以探索性学习和开发性学习空间共存的方式同时展开，流程提升工作由计划建设部、市场经营部、网络部、财务部、发展战略部等主要部门分别牵头成立工作小组负责形成各领域变革举措；绩效管理主要由人力资源部开展；文化管理主要由党务工作部执行；知识管理则由发展战略部直接负责。绩效管理和流程提升偏重探索性学习，文化管理和知识管理偏重开发性

① 转引自林海芬、苏敬勤：《管理创新效力提升机制：组织双元型视角》，《科研管理》，2012年第2期。

学习。

流程提升和绩效管理作为效率管理的核心，强调变革的彻底性，偏重探索性学习。流程提升方面，围绕“做世界一流企业”战略定位，按照公司“以客户满意为标杆”的流程全景图，从客户感知出发，将外部客户的需求传导到内部流程链上，由外至内，逐层剖析，并从现有短板流程中选择出最急迫解决且最重要的关键流程，成立专业流程变革工作小组进行较为彻底的变革。

新流程不但重新确定整个增值业务流程的各环节，彻底改变以往运行复杂烦琐、效率低下的状况，极大提高流程运行效率，还在理念上进行了根本性变革：原流程视增值业务开发为产品会议、研发部门、数据部等密切相关部门的责任，且部门间责任相对分离，而新流程则指出，产品开发需要公司各部门甚至全员的参与，并将市场部、业务部、网络部、财务部、采购部等部门均融入流程中，实现任务整合和部门间合作与协调；原流程偏重业务开发的前期活动，认为只要产品确定商用，整个流程便得以完成，新流程则注重产品从产生需求到最后退市的每个环节，尤其加强对后期产品商用的管理，包括市场营销、跟踪评估和完善退市等活动，注重对新产品或业务的考评以不断改进，从本质上提高了流程实际价值以及对组织整体运行的作用。可见，整个增值业务流程变革过程体现出相关部门在以新知识代替原有新知识实现以新流程应对组织发展新需求的目的，即通过探索性学习帮助组织构建新的流程。同样地，其他流程提升亦在推翻已有流程构建全新高效流程的思想指导下完成。

为协助流程提升和绩效管理的有效开展，江西移动以文化管理和知识管理为补充，采取开发方式改进和完善。常务工作部开展的文化管理措施包括：秉承企业核心价值观、使命和愿景，提高员工交流强度，加强“互动座谈会”、征集优秀案例等覆盖各个层级的互动、循环活动的力度，形成统一价值观；衔接文化管理和公司战略管理，使文化建设直接服务于公司战略目标；将文化建设的贯彻、内化、转化工作和效率管理的重点突破有机结合起来，成为企业效率管理核心模块的强有力支撑。战略发展部开展的知识管理活动主要基于原有的网站和信息系统，包括改进公司层面的知识分享台，促进岗位经验知识的积累、传播和共享，避免因岗位变动和人员流动造成知识资产流失；改进“创新无限”、“创意台”等创新活动工作平台，以公开化、透明化、全程化管理提高员工创新活动参与度。可见，文化管理和知识管理的这些措施均是在原有实践的基础上进行的改进或加强，组织并未投入大量资源进行深度开展，旨在通过开发性学习，实现对已有知识的提炼和传统惯例的承袭。

第 *6* 章

研究假设

根据本书前面提到的组织构造视角，本章主要从公司创业的前因——高管团队的社会网络、双元能力与人力资源胜任力、双元能力与创新型的领导行为互动三个角度提出理论假设。后面进行假设检验和相关结论。

6.1 高管团队社会网络、公司创业与企业绩效关系研究假设

经典的公司创业模型中都包含着高管团队的重要作用，例如，科文和斯莱文（1991）所提出的模型中把高层的管理价值和哲学作为重要的内部变量，拉普金和戴斯（1996）提出的模型中，把高管团队的特征作为重要的组织因素，说明高管团队在公司创业理论和实践中的重要价值。近些年，对于高管团队的研究逐步从其人口特征，演变到高管团队的过程研究，目前又进一步演变到了关注网络理论的方法。网络方法聚焦于社会系统中的个体或团体，以及彼此连接中所产生的信息资源的重要价值。网络理论的基本假设

是基于信息的相互连接或关系对于企业而言是有价值的资源，这些资源会影响到组织的产出和效能。

科林斯和克拉克（Collins and Clark，2003）实证研究发现战略性人力资源管理和高管团队的社会网络在企业价值创造中发挥了重要作用。本节在以往国内外研究的基础上，通过理论和实证研究探讨高管团队社会网络、公司创业对于企业绩效的影响机制，同时探讨了市场不确定性对于高管团队社会网络和公司创业在企业价值创造中的调节效应。下面进行本部分理论回顾与研究假设提出：

6.1.1　高管团队的社会网络与企业绩效

汉布里克和梅森（Hambrick and Mason，1984）提出的高阶梯队理论（upper echelon theory）开创了高管团队的人口特征（年龄、任期和教育程度等）与组织产出关系的研究。此后，许多相关研究瞄准于高管团队与组织的产出关系，如组织创新、组织战略、战略变革和绩效（Hambrick and D'Aveni，1992）等。其背后的基本假设是高管团队的经验和价值观将通过战略决策过程而影响组织的产出。20世纪90年代，对于高管团队的研究开始进入过程属性的研究即高管团队如何互动和沟通进而影响组织的产出。近些年，高管团队研究又进一步演变到了网络构建的方法。

本部分聚焦于高管团队的网络关系，是因为高层管理者是在企业中与内部员工和外部利益者接触的重要代言人。在收集信息和管理信息，进而采取行动上，高管团队具有有利的地位（Mintzberg，1973）。信息理论（Galbraith，1973）建议组织需要不断地收集信息和使用信息，以减少不确定性进而增加效益。高管团队通过他们在企业中的核心地位，可以影响信息在企业内部和外部的流动、收集和再分配程序。

高管团队社会网络指的是高管团队与企业内部员工和外部拥有对企业潜在信息价值的利益相关者所构成的关系集合。这种网络在网络大小（接触的数量）、范围（接触的多样性）、强度（强联系还是弱联系）等方面会存在差异（Granovetter，1973）。

基更（Keegan，1984）发现高管团队高度依赖于外部信息资源，因为高管团队的外部网络往往提供了大量的新信息；而高管团队的内部网络则可以提供开发企业已有信息资源的机会，因为高管团队也拥有能够提供独特优势的内部网络资源。高层管理者有义务对企业内外部的信息进行有效收集、传递、分配各种各样的信息，因此，高管团队总是通过整合内外部不同的信息资源，以有利于整个组织的战略。

总体上，大型网络比小型网络包含了更多的信息容量，那些包含了多种利益相关体的网络更能提供多样化和新鲜的信息。因此，大型和多样化的高管团队网络对于企业可以提供更有价值的信息资源。假如高管团队社会网络是通过基于特定企业的实践，因为是独特的，就可以成为企业独特的资源，能够为企业创造可持续的竞争优势（Barney，1991）。戴维斯和霍尼格（Davidsson and Honig，2003）指出社会网络在创业研究模式中可作为自变量或因变量，前者探讨网络如何影响创业过程，后者则是以动态观点探讨创业过程中社会网络的演进历程，本书将其作为自变量加以考察。据此提出：

假设1：高管团队社会网络的强度与企业绩效呈现正向相关关系。

6.1.2 高管团队社会网络与公司创业

公司创业是创新、风险活动和战略更新的总和（Guth and Ginsberg，1990）：创新通常包括开发新产品、技术革新、对现有的生产过程进行改造以及更换和引进新的组织管理体系；风险活动则主要指创建与现有业务范围不同的新型业务；战略更新是指改变业务范围或竞争手段使公司重新充满活力。

希尔斯等人（Hills，et al.，1997）发现企业家的社会网络对包括机会搜索、机会警觉和机会评价在内的整个创业机会识别过程都有影响。他们的研究发现，50%的企业家通过其社会网络中的其他人识别创业机会，同时他们还认为，利用社会网络资源发现创业机会的企业家能识别到更多的创业机会。他们认为较为孤立的企业家和拥有广泛社会网络的企业家在机会识别方面存在显著差异；奥德里奇和雷斯（Aldrich and Reese，1993）认为企业家网络使潜在企业家接触到新思想、新观点，从而影响到他们对未来事业的选择。据此提出：

假设2：高管团队社会网络与公司创业呈现正向的相关关系。

6.1.3 公司创业在高管团队社会网络与企业绩效间的中介效应

长期以来学术界在处理内外部环境因素、公司创业与企业绩效三者之间的关系上存在两种不同的观点——权变理论和结构学派的观点。权变理论将外部环境和内部因素视为公司创业与绩效之间的调节变量（Lumpkin and Dess，1996）；而结构学派则强调内外部环境和公司创业对绩效的综合作用，即公司创业通过创新、公司风险活动和战略革新重新转化和配置企业的内外部环境资源，从而提升企业的绩效。戴斯等（1997）运用美国企业的数据支持了结构学派的观点。赞赫（1991，1993）也将公司创业作为内外部因素和企业绩效的中介变量。赞赫等（2000）强调对于转型经济中的企业而言，公司创业是重新配置资源、获得活力转变成具备国际竞争能力的市场导向企业的关键。

基于动态能力的观点，公司创业是一种建立和重新构造公司资源的重要手段（Yiu and Lau，2008），是转型经济下企业转化和配置内外部资源，不断适应动态变化环境的中介机制。谢恩和温克特曼（Shane and Venkataraman，2000）认为创业作为一种重要的组织方式，通过关注对企业知识资源的利用而发现和利用机会，从而有利于提高企业利用知识资源的绩效。或者说创业机制提供了一个过滤装置，通过它组织可以评估和引导组织对内外部知识的处理。维克伦德和谢博德（2003）研究发现基于知识的资源正向作用于包含技术创新指标的企业绩效，公司创业作为企业组织方式的一个重要方面，则会加强这种关系。据此提出：

假设3：公司创业在高管团队社会网络和企业绩效间起着中介的作用。

图6-1展示了本部分研究的理论框架和相关假设。

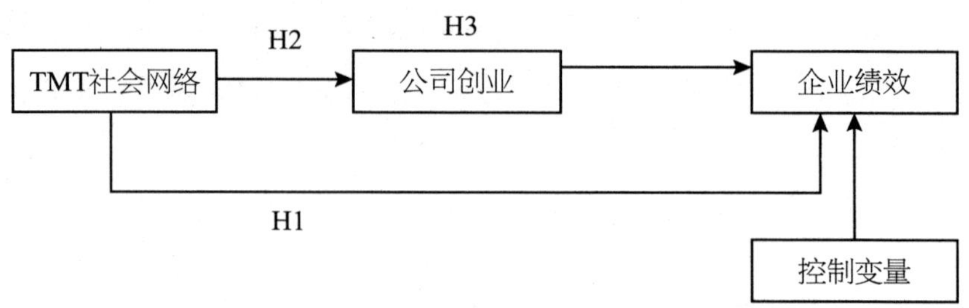

图6-1　公司创业社会网络前因的理论研究框架

6.2 双元能力、人力资源胜任力与企业绩效关系研究假设

为了保持持续的竞争优势，成功的企业体现出了既能有效创新，又能持续地构建组织惯例和改善组织能力的特征。如何管理企业变革与稳定之间的关系一直是组织科学和管理实践的核心主题（Christensen and Ovendorf，2000；Katila and Ahuja，2002）。组织如何同时追逐探索（exploration）和利用（exploitation）两种学习模式的双元型问题日益成为管理学科的一个热点研究领域，一些学者对此进行了开创性的研究（Tushman and O'Reilly，1996；Gibson and Birkinshaw，2004）。

尽管不少文献开始涉足组织双元型的前置要素（组织设计、结构、领导方式等），以及一些调节变量（环境的动态性、市场竞争性、企业规模等），或者两类变量的交互作用，但仍然有一些领域有待于深入研究，比如最具活力的人力资源要素。组织双元能力的构建离不开人力资源这一核心要素（Kang and Snell，2009）。人力资源管理系统作为组织设计的一部分提供了基于规则的框架，为企业完成既定战略目标提供了强有力的指导、治理和控制员工日常行为的工具（Wright and Snell，1998）。

然而，只有少量组织双元型文献关注到了战略性的人力资源管理或一般性的人力资源管理实践（选拔与激励、个人发展、奖惩评估与组织设计等，Schuler and Jackson，1987）。例如，吉布森和伯金肖（2004）讨论了扩展、纪律、支持和信任的平衡关系对于高绩效双元能力形成的情境影响因素；詹森等（2008）和贝克曼（Beckman，2006）研究了高层管理团队对于结构型双元设计的影响；阿德勒，高德奥夫特斯和李维（Adler，Goldoftas and Levine，1999）实证了不同的工作岗位设计如何影响企业效率和灵活性；本纳和图什曼（Benner and Tushman，2003），卡普兰和亨德森（Kaplan and Henderson，2005）研究了不同的奖惩和报酬制度对于激发探索式创新和利用式创新的作用。

康和斯耐尔（2009）对于双元能力与人力资源管理的内在联系进行了理论阐述，他们讨论了企业的不同知识储备（个体资本、社会资本和组织资本）如何影响企业情境型双元的产生。他们区分了两种人力资源管理的框架：内插式和外推式结构。这样两种结构如何通过支持探索或利用式创新以达到情境型双元战略。斯沃特和金尼（Swart and Kinnie，2010）的质性研究基于康和斯耐尔（2009）的研究构建了一个"学习导向矩阵"，展示了不同的人力资源管理实践组合如何达到人力资源管理双元型的目的。肯特卡和赛特（Ketkar and Sett，2009）基于高绩效人力资源实践和高承诺人力资源实践，强调了"柔性的诱导型人力资源实践"如何影响企业的动态战略过程。

但总体而言，中国背景下组织双元能力的相关研究非常缺乏，人力资源管理系统与组织双元能力联系的研究更少。少数国内外实证研究通过案例阐述了组织双元能力的不同形态如何影响企业绩效，但更多的理论和实践问题需要深入研究。本部分通过理论梳理和实证研究试图回答以下命题：（1）中国转型经济背景下，双元能力的不同组合形态如何；（2）双元能力的不同组合形态如何影响企业绩效；（3）双元能力的不同组合形态在人力资源胜任力上是否具有明显的差异；（4）人力资源胜任力是否会影响到双元能力到企业绩效的转化过程，等等。下面进行理论回顾与研究假设提出：

6.2.1 双元能力与企业绩效

探索能力以发现、试验、冒险、创新为特点，而利用能力则以精炼、执行、效率、选择为特点（March，1991）。两者的根本区别在于对组织当前已有知识的态度；探索型能力倾向于脱离组织当前已有的知识，旨在开创全新的知识领域；而利用型能力则是在组织当前已有知识的基础上进行学习，旨在全面充分利用组织已有的知识。

但关于组织双元能力与企业绩效之间关系的经验证据还相当有限，并且结论也不尽一致。尽管有证据表明双元型能够提高企业的销售增长率（He and Wong，2004）和业务单位的绩效（Gibson and Birkinshaw，2004）。但也有研究显示双元型没有显著改善甚至降低了企业的经营绩效（Ebben and Johnson，2005）。

造成实证结果不完全吻合的原因可能是组织双元型存在特定的应用边界，而学者们对这一问题没有予以足够的重视，除了少数研究者关注双元型与其结果之间关系的调节因素以外，大多数组织双元型倡导者想当然地认为，双元型的结果一定是积极的。其实，双元型只是解决管理悖论的途径之一，其他方式，如间断性均衡（punctuated equilibrium）或时间上的分离（temporal separation），也被不少学者视为在逻辑上和实践中可行的平衡机制（Gupta，Smith and Shalley，2006）。

张玉利和李乾文（2009）通过中国背景下的185份调研问卷实证研究发现，探索能力和利用能力虽然均可能是导致企业绩效提升的重要原因，但由于企业竞争资源的相对稀缺性，两种能力同时都具备的企业在实践中却较难达到，而更为普遍的现象或者是企业的探索能力很强，但利用能力有限；或者是企业的利用能力很强，但对新机会的探索能力很弱，所以双元能力具有条件适宜性。蒋春燕和赵曙明（2006）以中国江苏和广东两省的676家新兴企业为被试对象，对组织双元学习能力影响企业绩效进行了实证研究，结果发现探索式学习能力与新产品绩效显著正相关，而对整体财务绩效却没有显著的直接影响，利用式学习能力与整体财务绩效显著正相关，而对新产品绩效没有显著的直接影响。

尽管组织双元型的重要性在发达国家已经得到普遍认可，但转型经济中有关它们的研究还是非常的少（Li and Atuahene-Gima，2001）。因此，下面的假设仍然是关于组织的双元能力及其组合与企业绩效的相关性。

假设4：组织的探索能力和利用能力总体上与企业绩效正相关。

假设5－1：组织的探索能力和利用能力在企业中的分布是不均衡的，可以区分为不同的组合形态。

假设5－2：不同组合形态的双元能力与企业绩效存在着不同的影响效果。

6.2.2 人力资源胜任力与双元能力

胜任力概念源于麦克利兰（McClelland）教授1973年在《美国心理学家》（American Psychologist）发表的论文“Testing for competence rather than for intelligence”。该文通过对绩效卓越者的一系列研究颠覆了传统的智力概念，指出智力并不是工作绩效高低的决定因素，而态度、认知、个人特质等才是卓越绩效背后的真正原因。他把这些因素称之为 Competency（胜任力）。人力资源胜任力是通过有效的 HR 实践使组织在特定竞争市场实施竞争战略的系列特性。

一项关于来自不同行业300名人力资源职业经理人的调查，建立了核心的人力资源胜任力，包括领导方式、管理直觉、职位能力和个体属性（Schoonver，1997）；另一项研究建议人力资源胜任力应该包括关于财务知识、外部竞争和顾客的需求等（Ulrich，Brockbank，Yeung，and Lake，1995）。布罗克班克和乌尔里奇等人（Brockbank and Ulrich，2003）所做的研究把人力资源胜任力归纳为以下几个方面：战略贡献、人力贡献、人力资源传递、商业知识和人力资源技术。

吉布森和伯金肖（2004）正式提出了情境型双元的概念，而情境型双元直接与人力资源胜任力相关。情境型双元是指在整个业务单位范围内同时展现一致性（alignment）和适应性（adaptability）。他们归纳了情境型双元所要求的个体共性：（1）为了组织内部更大范围的利益，主动承担本职工作以外的任务；（2）能力强并受到充分激励，常常不经上级许可或支持就能自发采取行动；（3）追求与业务总体战略相一致的新机会。

康和斯耐尔（2009）揭示了人力资源管理系统和组织双元型的关系。探索式能力更多被通用人才资源、创业型的社会资源和有机式的组织资源所支持。在这种结构中，个体通过他们的经历与社会交往产生多视角的想法，具有灵活的认知能力和动机，以组合多样化的知识；利用式能力更多被专门人力资源、合作型的社会资源和机械式的组织资源所支持。更多聚焦于已有的知识领域，提炼和改善已有的知识结构。

吉布森和伯金肖（2004）认为情境型双元行为可以用四种属性来反映，分别是扩展、纪律、支持和信任，这四种行为属性相互作用形成组织情境，可以用人力资源管理的绩效管理和社会支持两种维度来衡量。绩效管理（扩展和纪律的结合）关心的是如何激励人们实现高品质的绩效，并使人们对他们的行为负责；社会支持（支持与信任的结合）关心的是如何提供给人们完成任务所需的安全保障和自主范围。绩效管理和社会支持同等重要、相辅相成。他们通过对 41 家企业的 4195 个员工的调查发现，由扩展、纪律、支持和信任组合起来的组织情境有助于组织双元能力。

双元能力的不同形态要求不同的人力资源组合，这一结论在中国背景上也得到了证实，张洪石（2005）通过对 216 份企业样本的调研发现，“传统激励（特质激励）”因子与突破性创新（与探索型能力关联）频率不存在显著线性相关关系，而与渐进性创新（与利用型能力关联）频率存在显著正线性相关关系。因此，“传统激励”因子所包含的变量能够有效促进企业的渐进性创新活动，而对企业的突破性创新活动作用不明显，说明“传统激励”更能促进企业的渐进性创新活动。突破性创新组织对创新人员的激励方式采用物质激励、精神激励、事业激励并行的机制；而且，相对于渐进性创新组织，突破性创新组织对创新人员的精神激励强度和事业激励强度更大。由此，提出下面的一组假设：

假设 6－1：人力资源胜任力总体上与组织的探索能力正相关。

假设 6－2：人力资源胜任力总体上与组织的利用能力正相关。

假设 7：双元能力的不同组合反映出不同的 HR 胜任力特征。

6.2.3 人力资源胜任力与企业绩效

乌尔里奇（1998）认为人力资源职业经理人应该从战略性的商业合作

者转型为组织的绩效贡献者。一些研究证实了人力资源胜任力与企业绩效的正向关系（Wright，Dunford and Snell，2001）。胡斯里德、杰克逊和舒勒（Huselid，Jackson and Schuler，1997）区分了两类人力资源胜任力：一类是与传统的人力资源管理职业胜任力相关联，例如招聘、选择和报酬等；另一类是与商业相关联的胜任力，反映出对于商业和竞争战略的理解。两类胜任力都对人力资源管理的效果有影响，反过来对于企业的财务绩效也会有持续的正向影响。张洪石（2005）研究发现，突破性创新组织对创新人员的精神激励强度、事业激励强度和专利申请、销售增长、利润增长、市场增长、技术能力等创新绩效间存在正相关关系。

值得注意的是，用来甄选、培训、评估和奖励员工的人力资源管理实践各部分应当系统地联系在一起，这样员工才会知道上级对他们的期望是什么，以及应该何时做和如何做。各部分人力资源管理实践之间存在多种关系：一是可加关系，即两项实践一起产生的效果大于它们各自单独产生的效果；二是交互关系，包含替代关系和协同关系两种形式。战略性人力资源管理研究主要关注人力资源管理实践间的协同关系，当几项实践一起运用所产生的效果大于它们单独产生的效果的加总时，人力资源管理实践之间就存在协同效应。

一些研究发现，只有当培训、激励制度、高选择性、灵活的岗位设计以及绩效管理等要素之间形成互补关系或者有效的捆绑关系（bundles）时，它们的捆绑或互补才能带动生产率的提高，或者财务或创新绩效的提高。胡斯里德等（1997）认为，在变革环境下，人力资源管理系统的组合效应要大于单一效应，组合型人力资源管理系统更能够应对环境变化。HR胜任力更从总体上研究人力资源的效能。由此提出下面的一组假设，图6－2展示了本部分研究的理论框架和相关假设：

假设8：人力资源胜任力与企业绩效正相关。

假设9：人力资源胜任力在双元能力绩效假设中具有调节作用，较高的人力资源胜任力能够促进双元能力向企业绩效的转化。

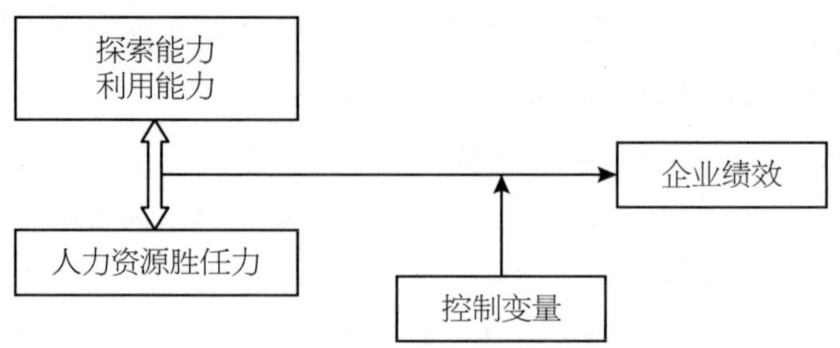

图 6－2　双元能力与人力资源胜任力互动的研究假设框架

6.3
双元能力、创新导向型领导行为与企业绩效的关系研究

为了保持持续的竞争优势，成功的企业体现出了既能有效创新，又能持续地构建组织惯例和改善组织能力的特征。如何管理企业变革与稳定之间的关系一直是组织科学和管理实践的核心议题。组织如何同时追逐探索（exploration）和利用（exploitation）两种学习模式的双元型问题日益成为管理学科的一个热点研究领域，图什曼和奥赖利三世及吉布森和伯金肖等学者对此进行了开创性的研究。在图什曼和奥赖利三世发表于《哈佛商业评论》的文章通过案例研究发现，公司高层团队坚持不懈地向员工宣传一个明晰而具说服力的愿景，对于建立组织双元型极为关键，这些远大抱负给予员工一个全面的目标，使得探索活动和利用活动能够在组织中并存，并促进企业不断创新的战略得以实现。促进员工创造力的能力和动机在很大程度上取决于较高等级的领导者，这些领导者塑造了组织的文化、结构和过程。

但是在中国背景下组织双元能力的相关研究非常缺乏，领导行为与双元能力联系的研究更少。少数国内外实证研究通过案例阐述了组织双元能力的不同形态如何影响企业绩效，但更多的理论和实践问题需要深入研究。本部分通过理论梳理和实证研究试图回答：双元能力的不同组合形态在创新导向型领导行为上是否具有明显的差异，以及管理的启示。下面进行理论回顾与研究假设提出。

6.3.1 创新导向型领导行为与双元能力

领导对创新的接纳或热情对员工创造力影响极大。例如，3M公司是全球知名的具有创新能力的公司，公司领导展示了对创新与试验的重视，公司政策规定员工可以自己使用他们工作中的“15%”的时间用来从事他们感兴趣的事情。创新导向型的领导行为创造了一种组织变革的愿景，弱化变革的阻力，鼓励人们去探索、获取和采纳新的工作方式。创新导向型的领导行为不但重视对于新机会的探索，同时也重视对新机会的利用，但双元能力的不同组合往往体现出不同的领导行为特征。由此，提出以下假设：

假设10-1：创新导向型领导行为与组织的探索能力正相关。

假设10-2：创新导向型领导行为与组织的利用能力正相关。

假设11：双元能力的不同组合反映出不同的创新导向型领导行为特征。

6.3.2 创新导向型领导行为与企业绩效

贝斯（Bass，1985）认为，创新导向型的领导能使员工产生超出预期的绩效水平。因为员工的努力程度，部分地取决于他们对领导的承诺、内部工作动机、发展水平或使命感等驱使他们超过标准限度的因素。同时，创新导向型领导通过激发员工的自我意识和自我价值感，促使他们达到最高的绩效水平。创意解决公司（Synectics）是一家领先的国际公司，擅长于创新活动的咨询，曾经研究了150多家美国主要公司的创新实践和业绩。他们的分析将公司分为明星、探求者和旁观者3类，明星是那些成功地将创新和创造整合到日常业务实践中的高业绩公司。探求者是显示出许多适当的创新活动，但创新活动的业绩很低，在公司范围内对创新活动做出的承诺很少。旁观者承认创新的重要性，但对创新活动几乎不提供任何支持。明星公司的特点与其他两类公司有着明显的差别，这些特点表现在：（1）首席执行官积极参加培育创新的活动；（2）明确创新对公司的长期发展起关键作用；（3）重视管理变革的概念；（4）对外部的想法表现出开放性；（5）加大对研发部门的投入，注重产品开发；（6）对个人的创造和创新进行奖励，等等。而这些正是创新导向型领导的典型特征。由此提出以下假设，图 6－3 展示了本部分研究的理论框架：

假设 12：创新导向型领导行为与企业绩效正相关。

假设 13：创新导向型领导行为、双元能力与企业绩效的共同作用大于单个因素的影响力。

图 6－3 展示了本书的理论研究框架和相关假设。

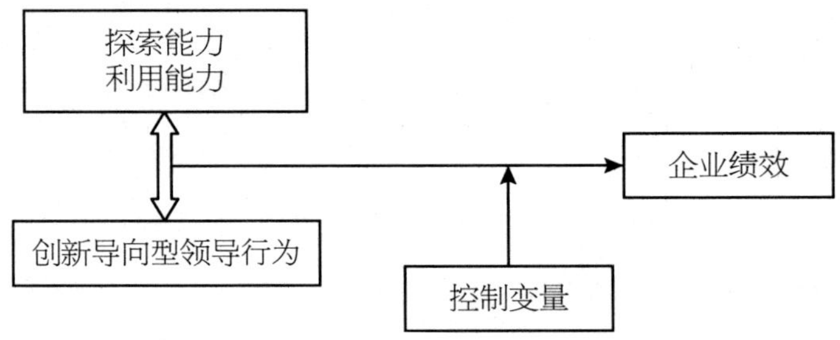

图 6－3　双元能力与创新导向型领导行为的互动理论框架

第7章

变量维度选择与样本选择

7.1 变量维度选择

本书研究的主要变量包括公司创业、组织双元能力、高管团队社会网络、创新导向型领导行为、人力资源胜任力和企业绩效等。

公司创业测量量表根据赞赫（1996）及莫里斯和库拉特科（Morris and Kuratko，2002）的研究进行修改，由企业的首席执行官回答，因为公司创业作为企业重要的战略活动没有谁比首席执行官更清楚。共有11个条目，包括："推出了大量的新产品或服务"、"在本行业的突破式创新上起领头羊的作用"、"行业内首个引进新的商业概念和实践"等，该量表的信度克隆巴赫系数Cronbach's α为0.929（大于管理学研究中常用的0.70）。

组织双元能力采用何和王（2004）的研究量表修改，包括"引进全新一代的产品"、"拓展全新的产品范围"、"提高现有产品的质量"、"提高当前生产的灵活性"等8个条目。该量表的信度系数Cronbach's α为0.91（大于管理学研究中常用的0.70)。创新导向型领导行为量表采用蒂尔尼(Tierney,1999)等人的进行修改,量表条目包括“敢于冒险”、“大胆创新”、“对新生事物勇于尝试”、“具有开拓精神”、“具有创新意识”5个条目。

由于创新导向型领导行为代表了高层领导者的行为导向,总经理应该是回答此问卷的合适人选。因此创新导向型领导行为题项的量表,由企业总经理回答。该量表的信度系数Cronbach's α为0.87。总经理应该最清楚本企业各项绩效指标在本行业的相对竞争地位,因此企业绩效的主观评价指标如利润水平、总销售量、在行业中的竞争地位等由总经理回答。该量表的信度系数Cronbach's α为0.94。

高管团队社会网络量表采用科林斯和克拉克(2003)的问卷,经过探索性因子分析得到了7个条目,包括“发展与工作相关的人际关系的费用能够报销”、“与企业各部门员工形成良好人际关系的能力会被评估”、“经常一起讨论与外部关键利益相关者形成良好人际关系的策略”等,该量表的信度系数Cronbach's α为0.906。

人力资源胜任力量表采用布罗克班克和乌尔里奇(Brockbank and Ulrich,2003),胡斯里德,杰克逊和舒勒(1997)和赵曙明(2008)等,量表条目包括“展现对本职能领域及公司全局方面的领导力”、“规划并与其他成员沟通有关企业人力资源管理的未来愿景”、“具有人力资源管理各方面具体职能的广泛知识”等11个条目。由于人力资源胜任力代表了企业长期系统管理员工的手段,公司人力资源总经理应该是回答企业高绩效工作系统的最合适人选。因此HR胜任力题项的量表,由企业的人力资源总经理回答。该量表的信度系数Cronbach's α为0.95。

总经理应该最清楚本企业各项绩效指标在本行业的相对竞争地位,因此企业绩效的主观评价指标如利润水平、总销售量、在行业中的竞争地位等由总经理回答。该量表的信度系数Cronbach's α为0.925。

本书研究中的量表具有较好的内部一致信度。本研究还检验了变量的聚合效度(Convergent Validity),通过对所有变量首先进行探索性因子分析,各个因子和企业绩效的KMO样本充分性检验值分别是:公司创业(0.913)、双元能力(0.862)、创新导向型领导行为(0.895)、高管团队社会网络（0.911）、人力资源胜任力（0.952）和企业绩效（0.925）。其次进行验证性因子分析，分析结果表明所有标准化的因素负载超过了0.50的临界值，因此量表具有较好的聚合效度。

经过CFA检测，高管团队社会网络的一维度拟合水平指标分别是：RMSEA = 0.076，NFI = 0.94，CFI = 0.96，GFI = 0.94，RMR = 0.034，RFI = 0.92，具有较好的判别效度。类似地，其他变量也进行了CFA检测，符合基本的条件要求。

控制变量方面，以往的研究表明企业的规模、行业特征、所有制会影响公司创业和企业绩效的关系（Yiu and Lau，2008），因此，本研究将沿用以往研究的做法，将以上变量作为控制变量处理。以上变量除企业的背景变量外，其余变量均采用六点Likert量表施测（1表示完全不同意，6表示完全同意）。

7.2 样本选择

本研究的数据来源于对中国东部沿海地区：长三角、珠三角以及环渤海地区所作的一次大规模问卷调查。这些地区是我国目前经济最具活力的地区，为经济发展和社会稳定做出了巨大贡献。这些地区纷纷采取创新导向的区域政策，鼓励创新与创业，所属企业大多处于经营模式转型升级的重要时期，经营管理方式也正发生着深刻的变革。同时，这些地区的产业结构完整，企业具有代表性。

调研团队给每家企业的代表发放两套问卷，分别由企业首席执行官和人力资源总监填写，让不同职位的企业人士填写不同的问卷，可以有效地减少同源偏差的产生。并且让信息提供者提供自己所熟悉的信息，增加了问卷内容的可信度。本调查共分两次分别于2009年7~9月和2010年7~9月在东部沿海的主要城市：北京、天津、上海、青岛、南京、无锡、苏州、常州、杭州、宁波、深圳、广州、中山、惠州和珠海等发放了1000家企业的调查问卷，回收了709家企业问卷。根据企业编号配对后，删除了信息严重缺失的样本，得到了392家企业的样本供后续假设检验分析，样本有效反馈率为39.2%。表7-1根据企业规模、所有制类型、产业类型（科技企业与非科技企业）分布给出了样本企业的特征。

表7-1　　　　本研究样本的主要企业特征

企业特征	企业数	百分比（%）
企业规模（人）		
少于100	101	25.8
101~500	165	42.1
501~1000	46	11.7
1001~2000	38	9.7
大于2000	42	10.7
小计	392	100.0
所有制类型		
国有企业	31	7.9
外资企业	131	33.4
民营企业	202	51.5
其他	28	7.1
小计	392	100.0
产业类型		
高科技	182	46.4
非高科技	210	53.6
小计	392	100

注：由于四舍五入，所有制类型项小计不等于100%。

第 8 章

数据分析、假设检验与结论

为了检验双元能力以及双元能力的不同组合对企业绩效的影响，以及双元能力的不同组合所反映出的人力资源胜任力差异和企业绩效差异等，本书主要采用层级回归分析、聚类分析和方差分析的方法，对双元能力的组合主要根据 K—Means 聚类法分析。同时，本书还采用了多案例研究等综合研究方法。

8.1 研究之一：高管团队社会网络、公司创业与企业绩效

8.1.1 相关分析

表 8 - 1 具体列出了各变量的均值、标准差和相关系数。从中可见公司创业、高管团队社会网络与企业绩效的相关系数分别为 0.668，0.227（$p<0.01$）。这为我们进一步论证三个主要变量与企业绩效关系提供了一

定的依据。

表8-1　　研究变量的均值、标准差及相关系数（n=392）

变量	1	2	3	4	5	6	7	8
企业规模（员工人数）	1							
国有企业	0.130**	1						
外资企业	0.084	-0.208*	1					
民营企业	-0.171**	-0.297*	-0.730*	1				
产业类型（科技企业）	0.013	-0.106*	0.054	0.021	1			
公司创业（EI）	0.010	-0.013	-0.137**	0.182**	0.038	1		
TMT社会网络	-0.107*	-0.132*	-0.029	0.132*	0.018	0.361**	1	
企业绩效	0.092	0.030	-0.146*	0.130**	-0.034	0.668**	0.227**	1
平均值	2.3750	0.0791	0.6701	1.5422	0.5357	4.1905	4.3037	4.3443
标准差	1.26114	0.27021	0.94522	1.50133	0.49936	0.98633	0.98784	0.92465

注：** $p<0.01$，* $p<0.05$，n=392。

8.1.2　层级回归分析

对于研究假设，我们采用层级回归的方法加以检验，分析结果列在表8-2中。假设1认为高管团队的内外部社会网络的实施有助于提升企业绩效，该假设得到了数据的支持，如表8-2模型4所示，高管团队社会网络对企业绩效的影响显著（$\beta=0.213$，$p<0.01$）。假设2认为高管团队的社会网络与公司创业正相关，模型2的检验结果也得到了验证，呈现显著相关（$\beta=0.334$，$p<0.01$）。

本书假设3认为高管团队的社会网络对企业绩效的影响是通过公司创业传递的，即公司创业在两者关系中起着中介作用。根据巴隆和肯尼（Baron and Kenny，1986）推荐的检测方法，中介效应在以下三个条件同时满足时存在：（1）自变量（如TMT社会网络）对因变量（如企业绩效）存在显著影响作用；（2）自变量对中介变量（如公司创业）存在显著影响；（3）当自变量与中介变量同时用作解释因变量时，中介变量存在显著影响作用，而以上条件1中的自变量对因变量的影响作用消失（完全中介）或减小（部分中介）。从表8－2所示的分析结果看，条件1已在假设1的检验中被支持，条件2被假设1所验证。而且，当自变量与因变量同时加入回归方程预测因变量时，中介变量公司创业的影响显著（β＝0.643，p＜0.01，模型5）而自变量高管团队社会网络的影响消失（β＝0.02，n. s.，模型5）。综合以上分析，我们认为本书假设3得到了数据支持。

表8－2　　层级回归分析结果

	公司创业（EI）		企业绩效		
	模型1	模型2	模型3	模型4	模型5
控制变量					
企业规模（员工数量）	0.026	0.028	0.079	0.083*	0.065*
国有企业	0.233	0.272	0.111	0.242	0.061
外资企业	0.054	0.050	－0.057	－0.022	－0.040
民营企业	0.162*	0.135*	0.074	0.081	0.000
产业类型（科技类型）	0.084	0.052	－0.050	－0.049	－0.084
解释变量					
高管团队社会网络		0.334**		0.213**	0.002
公司创业（中介变量）					0.643**
F	3.091	10.492	2.815	5.166	41.567
R^2	0.040*	0.153**	0.036*	0.081**	0.457**
ΔR^2		0.113[a]		0.045[a]	0.376[b]

注：** p＜0.01，* p＜0.05；[a]与前一模型相比较的 R^2 变化；[b]与模型4相比较的 R^2 变化。

8.1.3　主要结论

在一个快速变化的环境中，对企业持续竞争优势的探求意味着对未来发展机会的把握与创新，处于企业决策制定层和执行层的高管团队起着重要作用，国内学者已对高管团队的属性（李华晶，张玉利，2006）、团队企业家精神（陈忠卫，2007）、领导模式（林士渊，2007）等作过深入研究，丁楠（2010）以中国一拖集团有限公司为研究对象，以社会网络理论为分析视角，综合规范研究和实证研究方法，揭示高层管理团队的社会网络特征、团队运作过程与组织绩效之间的作用机理，但主要是从一个企业集团为背景的实证研究。但从高管团队社会网络视角和公司创业理论结合视角的研究还相对缺乏。本书在以下方面具有理论和实践价值。

8.1.3.1 高管团队的社会网络构建对于企业绩效有着重要的影响

由于高管团队在企业中所处的中心地位，他们往往拥有大量内外部重要的信息资源，他们需要及时获取、传递和使用已有的信息，从中辨别信息的价值大小，为企业的战略服务。一些企业往往关注于企业外部信息资源，着重于构建外部信息资源，而从本研究看，由内部信息和外部信息资源共同构成的高管团队社会网络资源，其整合作用是非常重要的。而片面重视内部信息资源的构建，也会忽略外部信息资源所带来的创新机会。对于企业而言，要高度重视通过管理手段如何激励整个高管团队的所有成员去构建有效的内外部社会网络，虽然高管团队在企业中的决策位置不同，但在内外部网络构建上有着同样重要的责任，由于分工的不同，有些高管团队成员可以侧重于内部网络的构建，借以倾听包括员工的内部管理建议、创新建议等；有些高管团队成员可以侧重于外部网络的构建，通过保持与顾客、投资者、供应商、政府等利益相关者的网络平台建设，有利于不断发现有价值的机会并利用创新机会。

8.1.3.2 公司创业在高管团队社会网络和企业绩效间起着重要的资源整合作用

对于公司创业的研究可以有不同的视角，创业导向更多是从心理学和组织行为学的角度来考察创业活动为什么会发生，创业强度（entrepreneurship intensity，EI）更多是从经济学出发考察创业产生了什么样的结果，而本书所采用的类似于莫里斯和库拉特科（2002）所倡导的公司创业评估工具

(corporate entrepreneurship assessment instrument, CEAI) 基于管理学的视角，侧重于创业活动是怎样发生的，创业活动能否被有效管理（李乾文，2005)。通过本实证研究发现，公司创业正是在高管团队的社会网络和企业绩效间发挥了中介作用，也就是高管团队的社会网络资源通过公司创业机制（内部创新、风险投资与战略更新等），转化为企业绩效的价值创造过程。在这里，公司创业发挥着重要的资源整合作用，有价值的高管团队内外部社会网络只有充分融入企业的产品或服务创新，以及深层次的战略更新过程，为企业的价值增值服务，才能转变为企业绩效，高管团队的社会网络也才能演变为实实在在的社会资本。在公司创业实践中，可以有意识地将高管团队社会网络的构建纳入到新事业的开发过程中。

8.2 研究之二：双元能力、人力资源胜任力与企业绩效关系

8.2.1 相关分析

表8-3具体列出了各变量的均值、标准差和相关系数。从中可见组织探索能力、利用能力、人力资源胜任力与企业绩效的相关系数分别为0.526，0.518，0.319（$p<0.01$）。这为我们进一步论证双元能力的不同组合形态与企业绩效关系提供了一定的依据。同时，企业利用能力的平均值是4.7554，高于企业探索能力的平均值4.0963，反映出中国转型经济背景下企业的实际现状，中国企业普遍总体上走的是引进再创新的渐进式创新路子，探索式创新能力普遍有待提升。另外，HR胜任力与组织的探索能力和利用能力具有较好的相关性，相关系数分别是0.312和0.327，并且在0.01水平下显著，假设6-1和假设6-2得到了证实。

表 8-3　　研究变量的均值、标准差及相关系数

变量	1	2	3	4	5	6	7	8	9
企业规模（员工人数）	1								
国有企业	0.130**	1							
外资企业	0.084	-0.208*	1						
民营企业	-0.171**	-0.297*	-0.730*	1					
产业类型（科技企业）	0.013	-0.106*	0.054	0.021	1				
探索能力	-0.027	-0.070	-0.060	0.131**	0.060	1			
利用能力	0.001	0.012	-0.041	0.102*	-0.059	0.561**	1		
HR 胜任力	0.036	-0.049	-0.038	0.064	-0.023	0.312**	0.327**	1	
企业绩效	0.092	0.030	-0.146*	0.130**	-0.034	0.526**	0.518**	0.319**	1
平均值	2.3750	0.0791	0.6701	1.5422	0.5357	4.0963	4.7554	4.4650	4.3417
标准差	1.26114	0.27021	0.94522	1.50133	0.49936	1.21540	0.93031	0.99518	0.92448

注：** $p<0.01$，* $p<0.05$，$n=392$。

8.2.2　层级回归分析

下面通过层级回归方法（如表 8-4 所示），依次将控制变量（企业规模、企业所有制类型、产业类型）列入模型 1，再将探索能力和利用能力列入模型 2，发现两个变量的 β 值分别是 0.287 和 0.344，分别在 0.01 水平下显著，说明探索能力和利用能力可以作为企业绩效的预测指标，假设 4 得到验证。模型 3 是人力资源胜任力和控制变量对企业绩效的回归结果，得到 β 值是 0.314，在 0.01 水平下显著，说明人力资源胜任力也可以作为企业绩效的预测指标，人力资源胜任力与企业绩效高度相关，假设 8 得到验证。模型 4 是同时放入控制变量、探索能力与利用能力、人力资源胜任力的回归结果，三个解释变量仍然在 0.01 水平显著相关，R^2 的解释力增强与模型 2 相比，增加了 0.018 个单位，假设 9 得到验证，人力资源胜任力有助于探索能力与利用能力到企业绩效的转化过程。模型 5 是同时放入控制变量、人力资源胜任力和双元能力（探索能力和利用能力）的回归结果，F 值虽有一定提高，但是 R^2 的解释力在下降，说明双元能力（一极化，unity）并没有取得

比探索能力与利用能力（双极化，duality）更好的企业绩效。下面通过聚类分析进行深入分析。

表8－4　　层级回归分析结果

	企业绩效				
	模型1（β值）	模型2（β值）	模型3（β值）	模型4（β值）	模型5（β值）
控制变量					
企业规模（员工人数）	0.091*	0.090**	0.078*	0.084*	0.089**
国有企业	0.172	－0.007	0.184	－0.032	－0.002
外资企业	－0.038	－0.145	－0.052	－0.159*	－0.150
民营企业	0.096	－0.019	0.072	－0.034	－0.027
产业类型（科技企业）	－0.048	0.083	－0.035	－0.038	－0.061
解释变量					
探索能力		0.287**		0.267**	
利用能力		0.344**		0.335**	
HR胜任力			0.314**	0.110*	0.133**
双元能力（探索能力*利用能力）					0.065**
F	2.926	31.895	9.443	29.715	31.875
R^2	0.037	0.371	0.131	0.389	0.373
ΔR^2		0.334		0.018（模型4与模型2比较）	

注：** $p<0.01$，* $p<0.05$。

8.2.3　聚类分析

从回归分析结果可以看出，一极化的双元能力并没有明显改善模型的解释力，我们需要对均值进行K-means聚类进一步分析。主要通过三步完成。

首先，采用 Ward's 法对样本进行分层聚类（Hierarchical Cluster Analysis）。其次，通过均值比较，分析计算出下一步 K-means 聚类所需的初始中心。最后，进行 K-means 聚类，确定双元能力的 4 类不同组合，“低探索—低利用”的组合共有 53 个样本，“低利用—高探索”的组合共有 116 个样本，“低探索—高利用”的组合共有 51 个样本，“高探索—高利用”的组合共有 172 个样本。假设 5 - 1 得到验证。具体如图 8 - 1 所示。

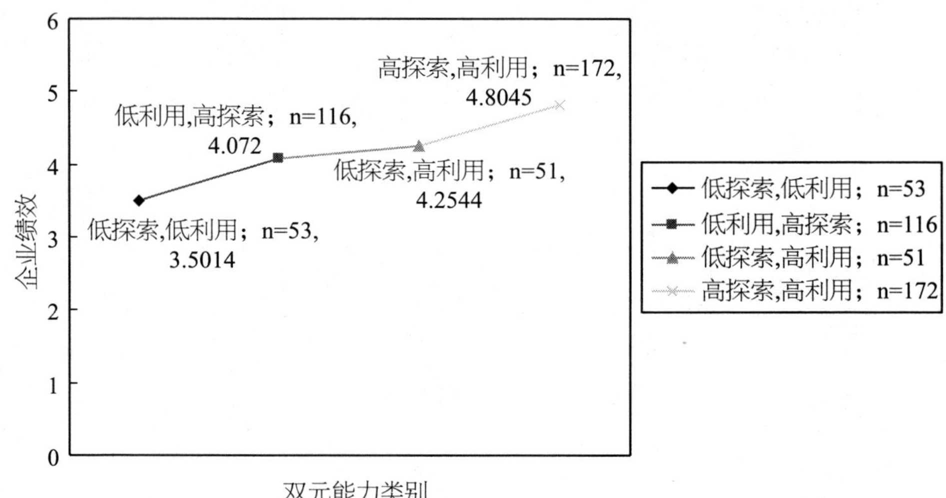

图 8 - 1　双元能力与企业绩效

从图 8 - 1 可以看出，企业绩效最差的是“低探索—低利用”组合（M = 3.5014，n = 53）；其次，依次是“高探索—低利用”组合（M = 4.072，n = 116）、“低探索—高利用”（M = 4.2544，n = 51）；最后是“高探索—高利用”（M = 4.8045，n = 172）组合。从四种类别的样本分布来看，“高探索—高利用”的样本数最多。

从双元能力组合与人力资源胜任力的聚类分析看（见图 8 - 2），“低探索—低利用”组合（M = 3.9151，n = 53）最低，其次依次是“高探索—低利用”（M = 4.3881，n = 116）、“低探索—高利用”（M = 4.4814，n = 51），最后是“高探索—高利用”（M = 4.6837，n = 172），从四种类别的样本分布来看，“高探索—高利用”的样本数最多。下面进一步采用方差分析比较双元能力组合分别对企业绩效、人力资源胜任力的方差分析。

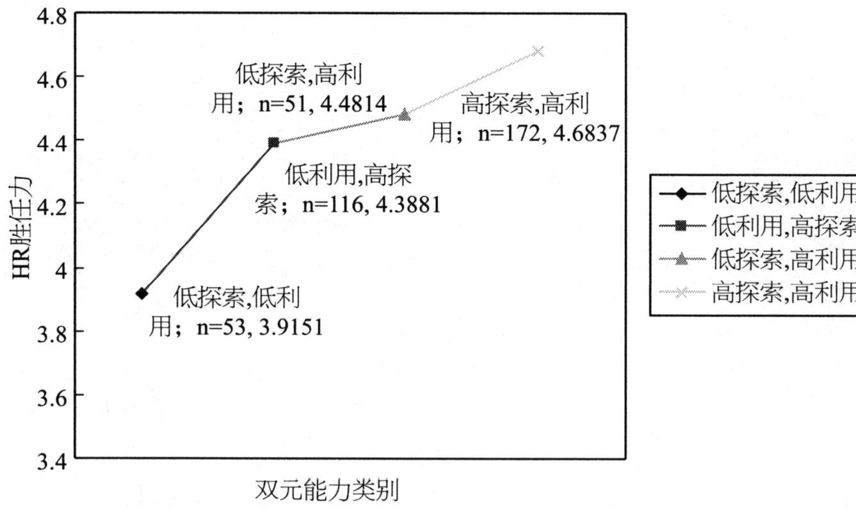

图8－2 双元能力与人力资源胜任力

8.2.4 方差分析

根据单因素方差分析结果，四类双元能力组合在企业绩效均值上有显著差异（F＝42.179，p＜0.01）。因此，假设5－2得到验证。根据是否方差齐性，在单因素方差分析中采用不同的分析方法。对于方差齐性的，本研究采用LSD法[①]对均值进行两两比较，对于方差为非齐性的，则采用塔姆黑尼（tamhane）法对均值做两两比较。通过对数据进行方差齐性检验，从显著性概率看（sig＝0.142），说明各组的方差在α＝0.05水平上没有显著性差异，即方差具有齐性。因此本书采用LSD法进行均值比较（见表8－5）。

从表8－5可以看出，组1（“低探索—低利用”）与组2（“低探索—高利用”），组3“高探索—高利用”，组4（“低利用—高探索”）均在p＜

① LSD方法即“最小显著差”（least significant difference）方法，该方法可用于判断到底哪些均值之间有差异。

0.01 的水平上具有显著差异，组 1 的企业绩效最差，假设 7 得到检验。组 2 与组 3，组 4 与组 3 均在 $p<0.01$ 水平上具有显著性差异，而组 2 与组 4 无显著性差异。

表 8－5　　双元能力组合类别对企业绩效的均值比较

类别（I）	类别（J）	均值差异（I－J）	标准误	显著性水平
1	2	－0.822**	0.17287	0.000
	3	－1.419**	0.13891	0.000
	4	－0.621**	0.1468	0.000
2	3	－0.597**	0.13995	0.000
	4	－0.201	0.14757	0.174
3	4	－0.798**	0.10578	0.000

注：** $p<0.01$，* $p<0.05$；

1 代表“低探索—低利用”组合；2 代表“低探索—高利用”；3 代表“高探索—高利用”；4 代表“低利用—高探索”。

根据单因素方差分析结果，四类双元能力组合在人力资源胜任力均值上有显著差异（$F=8.876$，$p<0.01$）。通过对数据进行方差齐性检验，从显著性概率看（$sig=0.507$），说明各组的方差在 $\alpha=0.05$ 水平上没有显著性差异，即方差具有齐性。因此本书采用 LSD 法进行均值比较（见表 8－6）。从表 8－6 可以看出，组 1（“低探索—低利用”）与组 2（“低探索—高利用”），组 3（“高探索—高利用”），组 4（“低利用—高探索”）均在 $P<0.01$ 的水平上具有显著差异，组 1 的人力资源胜任力最低。因此，假设 7 得到验证。组 4 与组 3 在 $p<0.05$ 水平上具有显著性差异，与企业绩效不同，发现组 2 与组 3、组 4 无显著性差异。

表 8－6　　双元能力组合类别对 HR 胜任力的均值比较

类别（I）	类别（J）	均值差异（I－J）	标准误	显著性水平
1	2	－0.566**	0.19145	0.003
	3	－0.769**	0.15198	0.000

续表

类别（I）	类别（J）	均值差异（I－J）	标准误	显著性水平
	4	－0.473**	0.16039	0.003
2	3	－0.202	0.15664	0.197
	4	0.093	0.16481	0.572
3	4	0.296*	0.11664	0.012

注：** $p<0.01$，* $p<0.05$。

1代表“低探索—低利用”组合；2代表“低探索—高利用”；3代表“高探索—高利用”；4代表“低利用—高探索”。

8.2.5　主要结论

由于社会变革的加快，企业面临的环境日益复杂多变，如何通过保持组织探索能力和利用能力的平衡成为了国外管理学界的一个重要研究领域，也是实践界非常关心的问题之一。国内学者已开展对双元组织的相关研究（张洪石，2005；张玉利、李乾文，2006），但由于组织双元型现象存在的普遍性，以及问题解决的多途径性，许多研究还只是初步的，本书通过理论回顾和392份中国东部地区企业的样本数据，检验了组织双元能力与企业绩效和人力资源胜任力之间的关系，主要获得了以下基本结论：

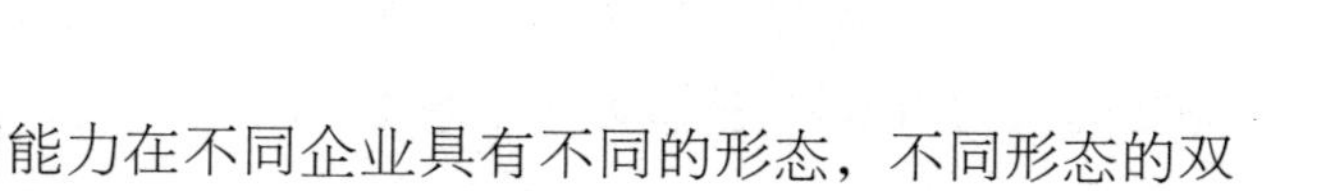

（1）探索能力和利用能力在不同企业具有不同的形态，不同形态的双元能力组合与不同的企业绩效相关。

通过聚类分析可以得到四种常见的探索能力和利用能力组合形态，“低探索—低利用”的双低形态也对应着较低的企业绩效，“高探索—高利用”的双高形态也往往对应着较高的企业绩效，双元组织需要高水平的开发能力和高水平的探索能力才能获得更高水平的企业绩效。从两组中间形态看，“低探索—高利用”的高利用单极形态要好于“低利用—高探索”的高探索单极形态，但两者之间的差异不显著。这与中国目前企业的发展阶段密切相关，中国的企业普遍处于从“中国制造”到“中国创造”的转变，但在相当长时期内，依靠“低成本”的优势仍然是中国大量企业的生存和发展模式，转型升级需要一个较长的时间。“高探索—高利用”的双高模式将是中国企业的战略选择目标。

（2）探索能力与利用能力同时具备的双元能力只是解决探索活动与利用活动悖论的解决路径之一，存在殊途同归的多种等效路径。

探索活动与利用活动的悖论对于每一个创业企业或者成长过程而言，都是一个永恒的管理主题之一，探索能力和利用能力对于企业而言都很重要，但关键在于如何达到双元能力的途径。时间或空间上的分离是特定的发展阶段对于企业也是必需的，詹森（2005）的研究就发现，让部分单位从事利用活动、部分单位从事探索活动的组织结构双元型要比创造双元情境让组织单位同时从事利用活动和探索活动的组织情境双元型更为有效。说明，双元能力的实现途径可以是多元化的，有时可以达到殊途同归的效果。

（3）不同形态的双元能力组合对应着不同的人力资源胜任力组合。

从双元能力与人力资源胜任力的聚类分析看，“低探索—低利用”的双低组合也对应着较低的人力资源胜任力，说明低探索与低利用能力或许是较低人力资源胜任力的结果，想要追求高探索能力、高利用能力或同时并举的双元能力就必须对人力资源胜任力进行提升，人力资源胜任力总体上与双元能力的形成密切相关。但“高探索—高利用”与“低探索—高利用”的模式在人力资源胜任力比较上并不显著，说明不同的双元能力所需要的人力资源胜任力组合形态或许是不同的，需要通过案例等进一步的深入研究。

本研究在理论上对于从人力资源管理视角研究双元能力构建问题提供了深入研究的平台和初步结论，在实践上也将有助于对中国转型期的企业加以理论指导，如果从企业绩效看，实践的路径会存在不同的形式，解决探索活动与利用活动的管理悖论的方式也会因企而宜，因发展阶段而异。这也正说明了管理的艺术性所在。对于人力资源胜任力与双元能力的交互研究，对于企业深入挖掘双元能力形成的人力资源内核有着重要的价值。

8.3 研究之三：双元能力、创新导向型领导行为与企业绩效

8.3.1 相关分析

表8－7具体列出了各变量的均值、标准差和相关系数。从表8－7中可见组织探索能力、利用能力、创新导向型领导行为与企业绩效的相关系数分别为0.526，0.518，0.484（$p<0.01$）。这为我们进一步论证双元能力的不同组合形态与企业绩效关系提供了一定的依据。同时，企业利用能力的平均值是4.7554，高于企业探索能力的平均值4.0963，反映出中国转型经济背景下企业的实际现状，中国企业普遍总体上走的引进再创新的渐进式创新路子，探索式创新能力普遍有待提升。另外，创新导向型领导行为与组织的探索能力和利用能力具有较好的相关性，相关系数分别是0.441和0.524，并且在0.01水平下显著，假设10－1和假设10－2得到了证实。

表8－7　研究变量的均值、标准差及相关系数（n＝392）

变量	1	2	3	4	5	6	7	8	9
企业规模（员工人数）	1								
国有企业	0.130**	1							
外资企业	0.084	－0.208*	1						
民营企业	－0.171**	－0.297*	－0.730*	1					
产业类型（科技企业）	0.013	－0.106*	0.054	0.021	1				
探索能力	－0.027	－0.070	－0.060	0.131**	0.060	1			
利用能力	0.001	0.012	－0.041	0.102*	－0.056	0.561**	1		

续表

变量	1	2	3	4	5	6	7	8	9
创新导向型领导行为	-0.076	-0.002	-0.069	0.097	-0.018	0.441**	0.524**	1	
企业绩效	0.092	0.030	-0.146**	0.130*	-0.034	0.526**	0.518**	0.484**	1
平均值	2.3750	0.0791	0.6701	1.5422	0.5357	4.0963	4.7554	4.8137	4.3417
标准差	1.26114	0.27021	0.94522	1.50133	0.49936	1.21540	0.93031	0.97741	0.92448

注：** $p<0.01$，* $p<0.05$，$n=392$。

8.3.2 层级回归分析

下面通过层级回归方法（见表8-8），依次将控制变量（企业规模、企业所有制类型、产业类型）列入模型1，再将探索能力和利用能力列入模型2，发现两个变量的β值分别是0.265和0.317，分别在0.01水平下显著，说明探索能力和利用能力可以作为企业绩效的预测指标。模型3是同时放入组织的探索能力、利用能力和创新导向型领导行为和控制变量对企业绩效的回归结果，发现探索能力和利用能力对企业绩效仍呈现正向的相关关系。创新导向型领导行为与企业绩效也呈现正向的相关关系（β值=0.229，$p<0.01$），假设12得到验证。同时，发现R^2的解释力增强（与模型2相比，增加了0.23个单位），假设13得到验证，探索能力、利用能力与创新导向型领导行为的共同作用能够带来更好的企业绩效。

表8-8　　　　层级回归分析结果

变量	企业绩效		
	模型1	模型2	模型3
控制变量			
企业规模（员工数量）	0.079	0.080**	0.092**
国有企业	0.111	-0.033	-0.027
外资企业	-0.057	-0.146	-0.129

续表

变量	企业绩效		
	模型1	模型2	模型3
民营企业	0.074	-0.026	-0.023
产业类型（科技类型）	-0.050	-0.047	-0.042
解释变量			
探索能力		0.265**	0.234**
利用能力		0.317**	0.210**
创新导向型领导行为			0.229**
F	2.815	32.122	32.280
R^2	0.036*	0.372**	0.395**
ΔR^2		0.336	0.230

注：** $p<0.01$，* $p<0.05$；[a]与前一模型相比较的 R^2 变化。

8.3.3　聚类分析

为了进一步探究双元能力的不同组合形态与创新导向型领导行为的关系，需要对均值进行 K-means 聚类分析，主要通过三步完成。首先，采用 Ward's 法对样本进行分层聚类（Hierarchical Cluster Analysis）。其次，通过均值比较，分析计算出下一步 K-means 聚类所需的初始中心。最后，进行 K-means 聚类，确定双元能力的4类不同组合，“低探索－低利用”的组合共有53个样本，“低利用－高探索”的组合共有116个样本，“低探索－高利用”的组合共有51个样本，“高探索－高利用”的组合共有172个样本。具体见图8－3。

从双元能力组合与创新导向型领导行为的聚类分析看（见图8－3），“低探索—低利用”组合（M＝4.0784，n＝53）最低，其次依次是“高探索—低利用”（M＝4.4939，n＝116）、“低探索—高利用”（M＝4.8000，n＝51），最后是“高探索—高利用”（M＝5.2488，n＝172），从四种类别的样本分布来看，“高探索—高利用”的样本数最多。下面进一步采用方差分析比较双元能力组合分别对创新导向型领导行为的方差分析。

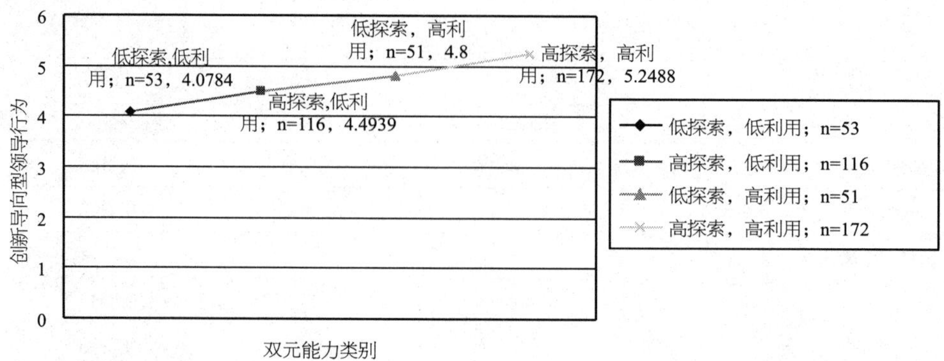

图8－3　双元能力与创新导向型领导行为聚类分析

8.3.4　方差分析

根据单因素方差分析结果，四类双元能力组合在创新导向型领导行为均值上有显著差异（F＝30.888，p＜0.01）。因此，假设11得到验证。根据是否方差齐性，在单因素方差分析中采用不同的分析方法。对于方差齐性的，本研究采用LSD法对均值进行两两比较，对于方差为非齐性的，则采用Tamhane法对均值做两两比较。通过对数据进行方差齐性检验，从显著性概率看（sig＝0.000），说明各组的方差在α＝0.01水平上存在显著性差异，即方差为非齐性。因此本书采用Tamhane法进行均值比较（见表8－9）。

从表8－9可以看出，组3“高探索—高利用”与其他三组：“低探索—低利用”、“低探索—高利用”、“低利用—高探索”在p＜0.01的水平上具有显著差异，假设11得到进一步检验。但组1（低探索—低利用）与组2（低探索—高利用）和组4（低利用—高探索）均不显著。说明双元能力和构建与创新导向型领导行为高度相关。

表8－9　双元能力组合类别对创新导向型领导行为的均值比较

类别（I）	类别（J）	均值差异（I－J）	标准误	显著性水平
1	2	－0.72157*	0.22583	0.012
	3	－1.17041**	0.19766	0.000

续表

类别（I）	类别（J）	均值差异（I-J）	标准误	显著性水平
	4	-0.41548	0.20536	0.251
2	3	-0.44884**	0.13399	0.008
	4	0.30609	0.14510	0.205
3	4	0.75492**	0.09552	0.000

注：** $p<0.01$，* $p<0.05$。

1代表“低探索—低利用”组合；2代表“低探索—高利用”；3代表“高探索—高利用”；4代表“低利用—高探索”。

8.3.5　主要结论

由于社会变革的加快，企业面临的环境日益复杂多变，如何通过保持组织探索能力和利用能力的平衡成为了国外管理学界的一个重要研究领域，也是实践界非常关心的问题之一。国内学者张洪石，张玉利和李乾文等已开展对双元组织的相关研究，但由于组织双元型现象存在的普遍性和影响因素的复杂性，以及问题解决的多途径性，许多研究还只是初步的，本部分通过理论回顾和392份中国东部地区企业的样本数据，检验了组织双元能力与企业绩效和创新导向型领导行为之间的关系，主要获得了以下基本结论：

不同形态的双元能力组合对应着不同的创新导向型领导行为。探索活动与利用活动的悖论对于每一个创业企业或者成长过程而言，都是一个永恒的管理主题之一，探索能力和利用能力对于企业而言都很重要，但关键在于如何达到双元能力的途径。双元能力的实现途径可以是多元化的，有时可以达到殊途同归的效果。本书实证了想要追求高探索能力、高利用能力或同时并举的双元能力必须得到创新导向型领导行为的支持，创新导向型领导行为与双元能力的形成密切相关。

本书在理论上对于从领导行为视角研究双元能力构建问题提供了深入研究的平台和初步结论，在实践上也将有助于对中国转型期的企业加以理论指导，如果从企业绩效看，实践的路径会存在不同的形式，解决探索活动与利用活动的管理悖论的方式也会因企而宜，因发展阶段而异。这也正说明了管理的艺术性所在。对于领导行为与双元能力的交互研究，对于企业深入挖掘双元能力形成的内在机理有着重要的价值。

参考文献

外文部分

[1] Aaker, D. A. Mascarehas B. The need for strategic flexibility. *Journal of Business Strategy*, 1984, 5 (2): 74 –82.

[2] Adler, P., Goldoftas, B., Levine, D. Flexibility versus efficiency? A case study of model changeovers in the Toyota production system. *Organization Science*, 1999, 10 (1): 43 –68.

[3] Adler, P. S., Kwon, S. Social capital: Prospects for a new concept. *Academy of Management Review*, 2002, 27 (1): 17 –40.

[4] Aldrich, H., Reese, P. R. Does networking pay off? A panel study of entrepreneurs in the research triangle. In *Frontiers of Entrepreneurship Research*, 1993, 325 –339.

[5] Alvarez, S. A., Busenitz, L. W. The entrepreneurship of resource-based theory. *Journal of Management*, 2001, 27 (6): 755 –775.

[6] Amabile, T. F., Schatzel, E. A., Moneta, G. B., Kramer, S. J. Leader behaviors and the work environment for creativity: Perceived leader support. *Leadership Quarterly*, 2004, 15 (1): 5 –32.

[7] Anderson, P., Tushman, M. L. Technological discontinuities and dominant designs: A cyclical model of technological change. *Administrative Science Quarterly*, 1990, 35 (4): 604 –633.

[8] Andriopoulos, C., Lewis, M. W. Exploitation-exploration tensions and organizational ambidexterity: Managing paradoxes of innovation. *Organization Sci-*

ence, 2009, 20 (4): 696 -717.

[9] Aragon-Correa, J. A. Strategic proactivity and firm approach to the natural environment. *Academy of Management Journal*, 1998, 41 (5): 556 -567.

[10] Atuahene-Gima, K. The effect of centrifugal and centripetal forces on product development quality and speed: How does problem solving matter? *Academy of Management Journal*, 2003, 46 (3): 359 -373.

[11] Atuahene-Gima, K. Resolving the capability-rigidity paradox in new product innovation. *Journal of Marketing*, 2005, 69 (10), 61 -83.

[12] Atuahene-Gima, K., Slater, S., Olson, E. The contingent value of responsive and proactive market orientations for new product program performance. *The Journal of Product Innovation Management*, 2005, 22 (6): 464 -482.

[13] Augier, M., Teece, D. J. Dynamic capabilities and the role of managers. *Organization Science*, 2009, 20 (2): 410 -421.

[14] Barkema H. G., Shvyrkov, O. Does top management team diversity promote or hamper foreign expansion? *Strategic Management Journal*, 2007, 28 (7): 663 -680.

[15] Barney, J. B. Firm resources and sustained competitive advantage. *Journal of Management*, 1991, 17 (1): 99 -120.

[16] Baron, R. M., Keeny, D. A. The moderator-mediator variable distinction in social psychological research: Conceptual, strategic, and statistical consideration. *Journal of Personality and Social Psychology*, 1986, 51 (6): 1173 -1182.

[17] Bart, V. L., Thierry, M., Koenraad, D. Organizing for continuous innovation: On the sustainability of ambidextrous organizations. *Creativity & Innovation Management*. 2005, 14 (3): 208 -221.

[18] Bantel, K. A., Jackson, S. E. Top management and innovations in banking: Does the demography of the team make a difference? *Strategic Management Journal*, 1989, 10 (2): 107 -124.

[19] Bass, B. M. *Leadership and Performance Beyond Expectations*. New York: Free Press, 1985.

[20] Bateman, T. S., Grant, J. M. The proactive component of organizational behavior: A measure and correlates. *Journal of Organizational Behavior*, 1993, 14 (2): 103-118.

[21] Becherer, R., Maurer, J. The proactive personality disposition and entrepreneurial behavior among small company presidents. *Journal of Small Business Management*, 1999, 37 (1): 28-36.

[22] Benner, M. J., Tushman M. Process management and technological innovation: A longitudinal study of the photography and paint industries. *Administrative Science Quarterly*, 2002, 47 (4): 676-706.

[23] Benner, M. J., Tushman, M. L. Exploration, exploitation, and process management: The productivity dilemma revisited. *Academy of Management Review*, 2003, 28 (2): 238-256.

[24] Becherer, R. C., Maurer, J. G. The proactive personality disposition and entrepreneurial behavior among small company presidents. *Journal of Small Business Management*, 1999, 37 (1): 28-36.

[25] Beckman, C. M. The influence of founding team company affiliations on firm behavior. *Academy of Management Journal*, 2006, 49 (4): 741-758.

[26] Bergeron, F., Raymond, L., Rivard, S. Fit in strategic information technology management research: An empirical comparison of perspectives. *Omega*, 2001, 29: 125-142.

[27] Bhuian, S. N., Menguc, B., Bell, S. J. Just entrepreneurial enough: The moderating effect of entrepreneurship on the relationship between market orientation and performance. *Journal of Business Research*, 2005, 58 (1): 9-17.

[28] Black, J. A., Oliver, R. L., Howell, J. P., King J. P. A Dynamic system simulation of leader and group effects on context for learning. *Leadership Quarterly*, 2006, 17 (1): 39-56.

[29] Birkinshaw, J., Gibson, C. Building ambidexterity into an organiza-

tion. *MIT Sloan Management*, 2004, 45 (4): 47 –55.

[30] Boselie, P., Paauwe, J. Human resource function competencies in European companies. *Personnel Review*, 2004, 34 (5): 550 –566.

[31] Brockbank, W., Ulrich, D. Competencies for the new HR: Society for human resource management. *University of Michigan Business School*, *Global Consulting Alliance*, 2003.

[32] Brockbank, W., Ulrich, D., Beatty, R. The professional development: Creating the future creators at the University of Michigan Business School. *Human Resource Management*, 1999, 38 (2), 111 –118.

[33] Brockbank, W., Ulrich, D., James, C. *Trends in Human Resource Competencies*. Ann Arbor: University of Michigan School of Business, 1997.

[34] Burgelman, R. A. Strategy as vector and the inertia of coevolutionary lock-in. *Administrative Science Quarterly*, 2002, 47 (2): 325 –357.

[35] Burns, T., Stalker, G. *The Management of Innovation*. London: Tavistock Publications, 1961.

[36] Burt, R. S. *Towards A Structural Theory of Action*. New York: Academic Press, 1982.

[37] Cao, Q., Gedajlovic, E., Zhang, H. Unpacking ambidexterity: Dimensions, contingencies, and synergistic effects. *Organization Science*, 2009, 20 (4): 781 –796.

[38] Cappelli, P., Crocker-Hefter, A. Distinctive human resources are firms' core competencies. *Organizational Dynamics*, 1996, 24 (3): 7 –22.

[39] Carmeli, A. Top management team behavioral integration and the performance of service organizations. *Group & Organization Management*, 2008, 33 (6): 635 –656.

[40] Carmeli, A., Meyrav, Y. H. How top management team behavioral integration and behavioral complexity enable organizational ambidexterity: The moderating role of contextual ambidexterity. *The Leadership Quarterly*, 2009, 20 (2): 207 –218.

[41] Carmeli, A. , Schaubroeck, J. Top management team behavioral integration, decision quality, and organizational decline. *The Leadership Quarterly*, 2006, 17 (5): 441 -453.

[42] Chadwick, C. , Dabu, A. Human resources, human resource management, and the competitive advantage of firms: Toward a more comprehensive model of causal linkages. *Organization Science*, 2009, 20 (1): 253 -272.

[43] Chen, M. J. , Hambrick, D. Speed, stealth, and selective attack: How small firms differ from large firms in competitive behavior. *Academy of Management Journal*, 1995, 38 (2): 453 -482.

[44] Choi, S. L. Human resource competencies: An empirical study on the HR professionals in the manufacturing sector in Malaysia. *E-Journal of Business and Economic Issues*, 2009, 3 (3): 1 -13.

[45] Christensen, C. M. , Overdorf, M. Meeting the challenge of disruptive change. *Harvard Business Review*, 2000, 78 (2): 66 -76.

[46] Cohen, W. M. , Levinthal, D. A. Absorptive capacity: A new perspective on learning and innovation. *Administrative Science Quarterly*, 1990, 35 (1): 128 -152.

[47] Collins, C. J. , Clark, K. D. Strategic human resource practice, top management team social networks, and firm performance: The role of human resource practices in creating organizational competitive advantage. *Academy of Management Journal*, 2003, 46 (6): 740 -751.

[48] Collins, C. J. , Smith, K. G. Knowledge exchange and combination: The role of human resource practices in the performance of high-technology firms. *Academy of Management Journal*, 2006, 49 (3): 544 -560.

[49] Cook, S. D. N. , Brown, J. S. Bridging epistemologies: The generative dance between organizational knowledge and organizational knowing. *Organization Science*, 1999, 10 (4): 381 -400.

[50] Covin, J. G. , Slevin, D. P. Strategic management of small firms in hostile and benign envionments. *Strategic Management Journal*, 1989, 10 (1):

75 – 87.

[51] Covin, J. G., Slevin, D. P. A conceptual model of entrepreneurship as firm behavior. *Entrepreneurship Theory and Practice*, 1991, 15 (1): 7 – 24.

[52] Crant, M. The proactive personality scale as a predictor of entrepreneurial intensions. *Journal of Small Business Management*, 1996, 34 (3): 42 – 49.

[53] Crant, M. Proactive behavior in organizations. *Journal of Management*. 2000, 26 (3): 435 – 462.

[54] Chan, D. Interactive effects of situational judgment effectiveness and proactive personality on work perspectives and work outcomes. *Journal of Applied Psychology*, 2006, 91 (2): 475 – 481.

[55] Daft, R. L. Lengel, R. H. Organizational information requirements, media richness and structural design. *Management Science*, 1986, 32 (5): 554 – 571.

[56] Danneels, Erwin. Organizational antecedents of second-order competences. *Strategic Management Journal*, 2008, 28 (4): 519 – 543.

[57] David, C. Interactive effects of situational judgment effectiveness and proactive personality on work perceptions and work outcomes. *Journal of Applied Psychology*, 2006, 91 (2): 475 – 481.

[58] Davies, H. Walters, P. Emergent patterns of strategy, environment and performance in a transition economy. *Strategic Management Journal*, 2004, 25 (4): 347 – 364.

[59] Davidsson, P., Honig, B. The role of social and human capital among nascent entrepreneurs. *Journal of Business Venturing*, 2003, 18 (3): 301 – 331.

[60] De Cremer, D., Brebels, L., Sedikides, C. Being uncertain about what? Procedural justice effects as a function of general uncertainty and belongingness uncertainty. *Journal of Experimental Social Psychology*, 2008, 44 (6), 1520 – 1525.

[61] Delery, J. E. Doty, D. H. Modes of theorizing in strategic human resources management: Tests of universalistic, contingency, and configurational performance predictions. *Academy of Management Journal*, 1996, 39 (4): 802 - 835.

[62] Delaney, J. T. , Huselid, M. A. The impact of human resource management practices on perceptions of organizational performance. *Academy of Management Journal*, 1996, 39 (4): 949 -969.

[63] Denison, D. R. *Corporate Culture and Organizational Effectiveness*, New York, NY: John Wiley & Sons, Inc. , 1990.

[64] Denison, D. R. , Hooijberg, R. , Quinn, R. E. Paradox and performance: Toward a theory of behavioral complexity in managerial leadership. *Organization Science*, 1995, 6 (5): 524 -540.

[65] Denison, D. R. , Mishra, A. K. Toward a theory of organizational culture and effectiveness. *Organization Science*, 1995, 6 (2): 204 -223.

[66] Dennis, N. An ambidextrous organization in practice: Strategic actions in ericsson's management of ‘bluetooth’ . Working paper 2000_113. *Chalmers University of Technology*, Sweden.

[67] Dess, G. G. , Lumpkin, G. T. , Covin, J. G. Entrepreneurial strategy making and firm performance: Test of contingency and configurational models. *Strategic Management Journal*, 1997, 18 (9): 677 -695.

[68] Dess, G. G. , Lumpkin, G. T. The role of entrepreneurial orientation in stimulating effective corporate entrepreneurship. *Academy of Management Executive*, 2005, 1991 (1): 147 -156.

[69] Dess, G. G. , Newport, S. , Rasheed, A. M. Configuration research in strategic management: Key issues and suggestions. *Journal of Management*, 1993, 19 (4): 775 -795.

[70] Doris, F. , Luhrmann, H. , Kohl, C. Proactive climate in a post-reorganization setting: When staff compensate managers'weakness. *European Journal of Work and Organizational Psychology*, 2004, 13 (2): 241 -267.

[71] Downey, K., Slocum, J. Uncertainty and managerial performance. *Social Science Quarterly*, 1982, 63 (3): 189–201.

[72] Duncan, R. B. The Ambidextrous organization: Designing dual structures for innovation, In *The Management of Organization Design: Strategies and Implement*, volume 1. Kilmann, R. H., Pondy, L. R., Slevin, D. New York: North-Holland, 1976.

[73] Dyer, J. H., Singh, H. The relational view: Cooperative strategy and sources of interorganizational competitive advantage. *Academy of Management Review*, 1998, 23 (4): 660–679.

[74] Ebben, J. J., Johnson, A. C. Efficiency, flexibility, or both? Evidence linking strategy to performance in small firms. *Strategic Management Journal*, 2005, 26 (13): 1249–1259.

[75] Edward, F. Mcdonough III, Richard, L. Research note: Using simultaneous structures to cope with uncertainty. *Academy of Management Journal*, 1983, 26 (4): 727–735.

[76] Eisenhardt, K. M. Making fast strategic decisions in high-velocity environments. *The Academy of Management Journal*, 1989, 32 (3): 543–576.

[77] Eisenhardt, K., Martin, J. Dynamic capabilities: What are they? *Strategic Management Journal*, 2000, 21 (10–11): 1105–1121.

[78] Eisenhardt, K. M., Sull, D. N. Strategy as simple rules. *Harvard Business Review*, 2001, 79 (1): 106–116.

[79] Evans, J. S. Strategic flexibility for high technology manoeures: A conceptual framework. *Journal of Management Studies*, 1991, 28 (1): 69–89.

[80] Floyd, S. W. Lane, P. J. Strategizing throughout the organization: Managing role conflict in strategic renewal. *Academy of Management Review*, 2000, 25 (1): 154–177.

[81] Galbraith, J. *Designing complex organizations*. Reading, MA: Addison-Wesley, 1973.

[82] Galunic, D. C. Eisenhardt, K. M. Architectural innovation and modu-

lar corporate forms. *Academy of Management Journal*, 2001, 44 (6): 1229 - 1249.

[83] Ghoshal, S., Bartlett, C. Creation, adoption, and diffusion of innovations by subsidiaries of multinational corporations. *Journal of International Business Studies*, 1988, 19 (3): 365 - 388.

[84] Ghoshal, S., Bartlett, C. Linking organizational context and managerial action: The dimensions of quality of management. *Strategic Management Journal*, 1994, 15 (s2): 91 - 112.

[85] Ghemawat, P., Ricarti Costa, J. E. The organizational tension between static and dynamic efficiency. *Strategic Management Journal*, 1993, 14 (4): 59 - 73.

[86] Gilbert, C. G. Change in the presence of residual fit: Can competing frameworks coexist? *Organization Science*, 2006, 17 (1): 150 - 167.

[87] Gibson, C. B., Birkinshaw, J. The antecedents, consequences and mediating role of organizational ambidexterity. *Academy of Management Journal*, 2004, 47 (2): 209 - 226.

[88] Gilson, L. L., Mathieu, J. E., Shalley, C. E. Ruddy, T. M. Creativity and standardization: Complementary or conflicting drivers of team effectiveness? *Academy of Management Journal*, 2005, 48: 521 - 531.

[89] Grannovetter, M. The strength of weak ties. *American Journal of Sociology*, 1973, 78 (6): 1360 - 1380.

[90] Gresov, C., Drazin, R. Equifinality: Functional equivalence in organization design. *Academy of Management Review*, 1997, 22 (2), 403 - 428.

[91] Grimm, C., Smith, K. G. Management and organizational change: A note on the railroad industry. *Strategic Management Journal*, 1991, 12 (7): 557 - 562.

[92] Gupta, A. K., Govindarajan, V. Knowledge flows within the multinational corporation. *Strategic Management Journal*, 2000, 21 (4): 473 - 496.

[93] Gupta, A. K., Smith, K. G, Shalley, C. E. The Interplay between

exploration and exploitation. *Academy of Management Journal*, 2006, 49 (4): 693 –706.

[94] Guth, W., Ginsberg, A. Guest editors' introduction: Corporate entrepreneurship. *Strategic Management Journal*, 1990, 11 (4): 297 –308.

[95] Güttel, W. H., Garaus, C., Konlechner, S., Lackner, H., Müller, B. Heads in the Clouds…Feet on the Ground: A Process Perspective in Organizational Ambidexterity. Working Paper 2011 – 1. J*ohannes Kepler University Linz*, Austria, 2011.

[96] Güttel, W. H., Konlechner, S. Continuously hanging by a thread: Dynamic capabilities in ambidextrous organizations. *Schmalenbach Business Review*, 2009, 71 (2): 150 –172.

[97] Hambrick, D. C. High-profit strategies for mature capital-goods businesses: A contingency approach. *Academy of Management Journal*, 1983, 26 (4): 687 –707.

[98] Hambrick, D. C., Cho, T. S., Chen, M-J. The influence of top management team heterogeneity on firms' competitive moves. *Administrative Science Quarterly*, 1996, 41 (4): 659 –684.

[99] Hambrick, D. C., Mason, P. A. Upper echelons: The organization as a reflection of its top managers. *Academy of Management Review*, 1984, 9 (2): 193 –206.

[100] Hambrick, D. C., D'Aveni, R. Top management team deterioration as part of the downward spiral of large corporate bankruptcies. *Management Science*, 1992, 38 (10): 1445 –1466.

[101] Hambrick, D. C. (Ed.). *The Executive Effect: Concepts and Methods for Studying Top Managers*. Greenwich, CT: JAI Press, 1988.

[102] Hamel, G. *Leading the Revolution*. Boston: Harvard Business School Press, 2000.

[103] Hart, S. An integrative framework for strategy-making processes. *Academy of Management Review*, 1992, 17 (2) 327 –351.

[104] Hart, S. L., Quinn, R. E. Roles executives play: CEOs, behavioral complexity, and firm performance. *Human Relations*, 1993, 46 (5): 543 - 574.

[105] Hart, E. Posen, D. A., Levinthal. Chasing a moving target: Exploitation and exploration in dynamic environments. *Management Science*, 2012, 58 (3): 587 - 601.

[106] Harrigan, K. *Strategic Flexibility*. MA: Lexing, Lexington Books, 1985.

[107] Hayton, J. C. Strategic human capital management in SMEs: An empirical study of entrepreneurial performance. *Human Resource Management Journal*, 2005, 42 (4): 375 - 391.

[108] He, Z. L., Wong, P. K. Exploration vs. exploitation: An empirical test of the ambidexterity hypothesis. *Organization Science*, 2004, 15 (4): 481 - 494.

[109] Heavey, C. *A Dynamic Managerial Capabilities Model of Organizational Ambidexterity*. University of Connecticut, 2009.

[110] Henderson, A., Miller, D., Hambrick, D. C. How quickly do CEOs become obsolete? Industry dynamism, CEO tenure, and company performance. *Strategic Management Journal*, 2006, 27 (5): 447 - 460.

[111] Hill, S. A., Birkinshaw, J. Ambidexterity in corporate venturing: Simultaneously using existing and building new capabilities. *Academy of Management Annual Meeting Proceedings*. 2006.

[112] Hills, G. E., Lumpkin, G. T. Singh, R. P. Opportunity recognition: Perceptions and behaviors of entrepreneurs. *Frontiers of Entrepreneurship Research*, 1997, 168 - 182.

[113] Holmqvist, M. Experiential learning processes of exploitation and exploration: An empirical study of product development. *Organization Science*, 2004, 15 (1): 70 - 81.

[114] Hooijberg, R. A multidirectional approach toward leadership: An ex-

tension of the concept of behavioral complexity. *Human Relations*, 1996, 49 (7): 917 -947.

[115] Hooijberg, R., Hunt, J. G., Dodge, G. E. Leadership complexity and development of the leaderplex Model. *Journal of Management*, 1997, 23 (3): 375 -408.

[116] Huselid, M. A., Becker, B. E. The impact of high performance work systems, implementation effectiveness and alignment with strategy on shareholders. *Working paper presented at the annual meeting of the Academy of Management*, MA: Boston, 1997.

[117] Huselid, M. A, Jackson, S. E. Schuler, R. S. Technical and strategic human resource management effectiveness as determinants of firm performance. *Academy of Management Journal*, 1997, 40 (1): 171 -188.

[118] Iansiti, M., Clark, K. B. Integration and dynamics capability: Evidence from product development in automobiles and mainframe computers. *Industrial and Corporate Change*, 1994, 3 (3): 557 -605.

[119] Ichniowski, C., Shaw, K., Prennushi, G. The effect s of human resource management practices on productivity: A study of steel finishing lines. *American Economic Review*, 1997, 87 (3): 291 -313.

[120] Ireland, R. D., Hitt, M. A., Sirmon, D. G. Strategic entrepreneurship: The construct and its dimensions. *Journal of Management*, 2003, 29 (6): 963 -989.

[121] Jackson, S., Dutton, J. Discerning threats and opportunities. *Administrative Science Quarterly*, 1988, 33 (3): 370 -387.

[122] Jaworski, B. J., Kohli, A. K. Market orientation: Antecedents and consequences. *Journal of Marketing*, 1993, 57 (3): 53 -70.

[123] Jansen, J. P. Ambidextrous organizations: A multiple-level study of absorptive capacity, exploratory and exploitative innovation and performance. *Rotterdam: Erasmus University, Erasmus Research Institute of Management (ERIM)*, 2005.

[124] Jansen, J. P. , George, G. , Van den Bosch, F. A, Volberda, H. W. Senior team attributes and organizational ambidexterity: The moderating role of transformational leadership. *Journal of Management Studies*, 2008, 45 (5): 982 - 1007.

[125] Jansen, J. P. , Tempelaar, M. P. , van den Bosch A. J. , Volberda, H. W. Structural differentiation and ambidexterity: The mediating role of integration mechanisms. *Organization Science*, 2009, 20 (4): 797 - 811.

[126] Jurrien, K. *Stimulating Integration of Departments Within the Ambidextrous Organization.* University of Twente, 2005.

[127] Jantunen, A. , Puumalainen, K. , Saarenketo, S. , Kyla heiko, K. Entrepreneurial, orientation, dynamic capabilities, and international performance, *Journal of International Entrepreneurship*, 2005, 3 (3): 223 - 243.

[128] Kang, S. C. , Snell, S. A. Intellectual capital architectures and ambidextrous learning: A framework for human resource management. *Journal of Management Studies*, 2009, 46 (1): 65 - 92.

[129] Kang, S. C, Morris, S. S. Snell, S. A. Relational archetypes, organizational learning, and value creation: Extending the human resource architecture. *Academy of Management Review*, 2007, 32 (1): 236 - 256.

[130] Kaplan, S. , Henderson, R. Inertia and incentives: Bridging organizational economics and organizational theory. *Organization Science*, 2005, 16 (5): 509 - 521.

[131] Kanter, R. M. Supporting innovation and venture development in established companies. *Journal of Business Venturing*: 1985, 1 (1): 47 - 60.

[132] Kanter, R. M. When a thousand flowers bloom: Collective and social conditions for innovation in organizations. In Staw B M & Cummings L L (Eds.) *Research in Organizational Behavior*, 1998, 169 - 211.

[133] Katila, R. Ahuja, G. Something old, something new: A longitudinal study of search behavior and new product introduction. *Academy of Management Journal*, 2002, 45 (6): 1183 - 1194.

[134] Kaya, N. The impact of human resource management practices and corporate entrepreneurship on firm performance: Evidence from Turkish firms. *The international Journal of Human Resource Management*. 2006, 17 (12): 2074 - 2090.

[135] Keegn, W. J. Multinational scanning: A study of the information sources utilized by headquarters executives in multinational companies. *Administrative Science Quarterly*, 1984, 20 (3): 411 -421.

[136] Ketkar, S., Sett, P. K. Environmental dynamism, human resource flexibility, and firm performance: Analysis of a multi-level causal model. *The International Journal of Human Resource Management*, 2010, 21 (8): 1173 - 1206.

[137] Khandwalla, P. Generators of pioneering innovative management: Some Indian evidence. *Organization Studies*, 1977, 8 (1): 39 -59.

[138] Kickul, J., Gundry, L. Prospecting for strategic advantage: The proactive entrepreneurial personality and small firm innovation. *Journal of Small Business Management*, 2002, 40 (2): 85 -97.

[139] Knight, G. A. *Firm Orientation and Strategy under Regional Market Integration: A Study of Canadian Firms*. John Wiley & Sons, Inc., 1997.

[140] Kor, Y. Y., Mahoney, J. T., Michael, S. C. Resources, capabilities and entrepreneurial perceptions. *Journal of Management Studies*, 2007, 41 (1): 183 -191.

[141] Kreiser, P. Entrepreneurial orientation and organizational learning: The impact of network range and network closure. *Entrepreneurship Theory and Practice*, 2011, 35 (5): 1025 - 1050.

[142] Kreiser, P., Marino, L., Weaver, M. Assessing the psychometric properties of the entrepreneurial orientation scale: A multi-country analysis. *Entrepreneurship Theory and Practice*, 2002, 26 (4): 145 - 160.

[143] Leana, C. R., Barry, B.. Stability and change as simultaneous experiences in organizational life. *Academy of Management Review*, 2000, 25 (4):

753 - 759.

[144] Lawrence, P., and Lorsch, J. Differentiation and integration in complex organizations. *Administrative Science Quarterly*, 1967, 12 (1): 1 - 30.

[145] Lei, D., Slocum, J. W. Strategic and organizational requirements for competitive advantage. *Academy of Management Executive*, 2005, 19 (1): 31 - 45.

[146] Levie, J., Lichtenstein, B. A Terminal assessment of stages theory: Introducing a dynamic states approach to entrepreneurship. *Entrepreneurship Theory and Practice*, 2010, 34 (2): 317 - 350.

[147] Levitt, B. March, J. G. Organizational learning. *Annual Review of Sociology*, 1988, 14 (3): 319 - 340.

[148] Lewis, M. W. Exploring paradox: Toward a more comprehensive guide. *Academy of Management Review*, 2000, 25 (4): 760 - 777.

[149] Li, H. Y., Atuahene-Gima K. Product innovation strategy and performance of new technology ventures in China. *Academy of Management Journal*, 2001, 44 (6): 1123 - 1134.

[150] Li, Q. W., Zhang, Z. Y. A theoretical and empirical research on the mediating effect of internal entrepreneurial environment. *Journal of Chinese Entrepreneurship*, 2010, 2 (1): 5 - 18.

[151] Lieberman, M., Montgomery, D. First-mover advantages. *Strategic Management Journal*, 1988, 9 (s1): 41 - 58.

[152] Lubatkin, M., Simsek Z., Ling, Y. Veiga, J. F. Ambidexterity and performance on Small-to. Medium-Sized firms: The pivotal role of top management team behavioral integration. *Journal of Management*, 2006, 32 (5): 646 - 672.

[153] Lumpkin, T., Dess, G. Clarifying the entrepreneurial orientation construct and linking it to performance. *Academy of Management Review*, 1996, 21 (1): 135 - 172.

[154] Lumpkin, T., Dess, G. Linking two dimensions of entrepreneurial

orientation to firm performance: The moderating role of environment and industry life cycle. *Journal of Business Venturing*, 2001, 16 (1): 7-25.

[155] Lumpkin, T., Dess, G. The role of entrepreneurial orientation in stimulating effective corporate entrepreneurship. *Academy of Management Executive*, 2005, 15 (1): 59-82.

[156] Luo, Y. D., Peng, M. W. Learning to compete in a transition economy: Experience, environment and performance. *Journal of International Business Studies*, 1999, 30 (2): 269-296.

[157] March, J. G. Exploration and exploitation in organizational learning. *Organization Science*, 1991, 2 (1): 71-87.

[158] March, J., Simon, H. *Organizations*, New York, Wiley, 1958.

[159] Martinez, J. I., Jarillo, J. C. The evolution of research on coordination mechanisms in multinational corporations. *Journal of International Business Studies*, 1989, 20 (3): 489-514.

[160] Meyer, A. D., Goes, J. B., Brooks, G. R. Organizations reacting to hyper turbulence, *In Organizational Change and Redesign*, ed. Huber, G. P., Glock, W. H. New York: Oxford University, 1993.

[161] Meyer, A. D., Heppard, K. (Eds.) *Entrepreneurship as Strategy: Competing on the Entrepreneurial Edge*, Sage, 2000.

[162] Meyer, A. D., Tsui, A. S., Hinings, C. R. Configurational approach to organizational analysis. *Academy of Management Journal*, 1993, 36 (6): 1175-1195.

[163] McClelland, D. C. Testing for competence rather than for "intelligence". *American Psychologist*. 1973, 28 (1): 1-14.

[164] McGrath, R. G. Real options reasoning and entrepreneurial failure. *Academy of Management Review*, 1999, 24 (1): 13-30.

[165] Michel, J. G. Hambrick, D. C. Diversification posture and the characteristics of the top management team. *Academy of Management Journal*, 1992, 35 (1): 9-37.

[166] Miles, R., Snow, C. *Organizational Strategy, Structure and Process*. New York: McGram-Hill, 1978.

[167] Miles, R., Snow, C. *Fit, Failure and the Hall of Fame: How Companies Succeed or Fail*. New York: Free Press, 1994.

[168] Miller, D. The correlates of entrepreneurship in three types of firms. *Management Science*, 1983, 29 (7): 770 – 791.

[169] Miller, D. The relationship of Porter's business strategies to environment and structure. *Academy of Management Journal*, 1988, 31 (2): 280 – 308.

[170] Miller, D. Configuration revisited. *Strategic Management Journal*, 1996, 17 (7): 505 – 512.

[171] Miller, D., Friesen, P. H. Archetypes of strategy formulation. *Management Science*, 1978, 24 (9): 921 – 933.

[172] Miller, D., Friesen, P. H. Innovation in conservative and entrepreneurial firms: Two models of strategic momentum. *Strategic Management Journal*, 1982, 3 (1): 1 – 25.

[173] Miller, D., Friesen, P. H. A longitudinal study of the corporate life cycle. *Management Science*, 1984, 30 (10): 1161 – 1183.

[174] Mintzberg, H. Strategy making in three modes. *California Management Review*, 1973, 16 (2): 44 – 54.

[175] Mintzberg, H. *The Nature of Managerial Work*. New York: Harper & Row, 1973.

[176] Mintzberg, H. *The Structuring of Organizations*. NJ: Englewood Cliffs, 1979.

[177] Mintzberg, H. *Structure in Fives: Designing Effective Organizations*. Englewood Cliffs; Prentice-Hall, 1983.

[178] Mintzberg, H., Wesley, F. Cycles of organizational change. *Strategic Management Journal*, 1992, 13 (1): 39 – 59.

[179] Mom T. J. M., van den Bosch F. A. J., Volberda H. W. Under-

standing variation in managers' ambidexterity: Investigating direct and interaction effects of formal structural and personal coordination mechanisms. *Organization Science*, 2009, 20 (4): 812 – 828.

[180] Morris, M. H., Kuratko, D. F. *Corporate Entrepreneurship: Entrepreneurial Development within Organizations*. Harcourt College Publishers, 2002.

[181] Morris, M. H., Lewis, P., Sexton, D. Reconceptualizing entrepreneurship: An input-output perspective. *SAM Advance Management Journal*, 1994, 59 (1): 21 – 31.

[182] Morris, M. H., Jones, F. Relationships among environmental turbulence, human resource management and corporate entrepreneurship. *Journal of Business and Entrepreneurship*, 1995, 7: 161 – 176.

[183] Nahapiet, J., Ghoshal, S. Social capital, intellectual capital, and the organizational advantage, *Academy of Management Review*, 1998, 23 (2): 242 – 266.

[184] Nelson, R. The strength of strong ties: Social networks and intergroup conflict in organizations. *Academy of Management Journal*, 1989, 32 (2): 377 – 401.

[185] Newbert, S. L. Empirical research on the resource-based view of the firm: An assessment and suggestions for future research. *Strategic Management Journal*, 2007, 28 (2): 121 – 146.

[186] O'Reilly, C. A., Tushman, M. L. The Ambidextrous Organization. *Harvard Business Review*, 2004, 82 (4): 74 – 81.

[187] O'Reilly C. A., Tushman M. L. Ambidexterity as a dynamic capability: Resolving the innovator's dilemma. *Research in Organizational Behavior*, 2008, 28 (1): 185 – 206.

[188] O'Reilly C. A., Tushman, M. L. Organizational ambidexterity in action: How managers explore and exploit. *California Management Review*, 2011, 53 (4): 5 – 22.

[189] Park, S. H., Luo, Y. Guanxi and organizational dynamics: Organi-

zational networking in Chinese firms. *Strategic Management Journal*, 2001, 22 (5): 455 - 477.

[190] Pfeffer, J. Seven practices of successful organizations. *California Management Review*, 1998, 40 (2): 96 - 124.

[191] Porter, M. E. The role of location in competition. *Journal of the Economics of Business*, 1994, 1 (1): 35 - 39.

[192] Posen, H., Levinthal, D. A. Chasing a moving target: Exploration and exploitation in a dynamic environment. *Management Science*, 2012, 58 (3): 587 - 601.

[193] Prahalad, C., Bettis, R. The dominant logic: A new linkage between diversity and performance. *Strategic Management Journal*, 1986, 7 (6): 485 - 501.

[194] Quinn, J. B. *The Strategic Process, Concepts, Context and Case.* Cited in J. B. Quinn, H. Mintzberg, and R. M. James (eds). Prentice Hall, New Jersey, 1988.

[195] Quinn, R. E., Spreitzer, G. M. Hart, S. Challenging the assumptions of bipolarity: Interpenetration and managerial effectiveness. In Srivastva, S. Fry, R. (Eds.), *Executive and Organizational Continuity*, San Francisco: Jossey-Bass. 1991, 222 - 252.

[196] Raisch, S., Birkinshaw, J. Organizational ambidexterity: Antecedents, moderators, and outcomes. *Journal of Management*, 2008, 34 (3): 375 - 409.

[197] Raisch, S., Birkinshaw, J., Probst, G., Tushman, M. L. Organizational ambidexterity: Balancing exploitation and exploration for sustained performance. *Organization Science*, 2009, 20 (4): 685 - 695.

[198] Raisch, S., Tushman, M. L. A dynamic perspective on ambidexterity: Structural differentiation and boundary activities. *Harvard Business School Working Paper*, No. 11 - 111, 2011.

[199] Ramlall, S. J. Identifying and understanding HR competencies and

their relationship to organizational practices. *Applied HRM Research*, 2006, 11 (1): 27 –38.

[200] Rivkin, J. W., Siggelkow, N. Balancing search and stability: Interdependencies among elements of organizational design. *Management Science*, 2003, 49 (3): 290 –311.

[201] Romanelli, E., Tushman, M. L. Organizational transformation as punctuated equilibrium: An empirical – test. *Academy of Management Journal*, 1994, 37 (5): 1141 –1166.

[202] Rothaermel, F. T., Deeds, D. L. Exploration and exploitation alliances in biotechnology: A system of new product development. *Strategic Management Journal*, 2004, 25: 201 –221.

[203] Rothaermel, F. T., Alexandre, M. T. Ambidexterity in technology sourcing: The moderating role of absorptive capacity. *Organization Science*, 20 (4): 759 –780.

[204] Rousseau, D. M., Fried, Y. Location, location, location: Contextualizing organizational research. *Journal of Organizational Behavior*, 2001, 22 (1): 1 –13.

[205] Rumelt, R. P. Towards a strategic theory of the firm. From Lamb, R. B., ed. *Competitive Strategic Management*. Prentice Hall, Upper Saddle River, NJ, 1984.

[206] Saban, K., Lanasa, J., Lackman, C., Peace, G. Organizational learning: A critical component to new product development. *Journal of Product and Brand Management*, 2000, 9 (2): 99 –119.

[207] Sandberg, B. Creating the market for disruptive innovation: Market proactiveness at the launch stage. *Journal of Targeting, Measurement and Analysis for Marketing*, 2002, 11 (2): 184 –196.

[208] Satish, U. Behavioral complexity: A review. *Journal of Applied Social Psychology*, 1997, 27 (23): 2047 –2067.

[209] Schein, E. H. *Organizational Culture and Leadership*. 2nd edition,

San Francisco, Jossey-Bass, 1992.

[210] Schoonhoven, C. Problems with contingency theory: Testing assumptions hidden within the language of contingency theory. *Administrative Science Quarterly*, 1981, 26 (3): 347 - 377.

[211] Schoonver, S. New HR skills needed for a new work environment. *Employment Relations Today*, 1997, Autumn: 21 - 32.

[212] Schuler, R. S. Entrepreneurship in organizations. *Human Resource Management*, 1986, 4: 614 - 629.

[213] Schuler, R. S., Jackson, S. E. Linking competitive strategies with human resource. *The Academy of Management Executive*, 1987, 1 (3): 207 - 219.

[214] Scott, W. R. *Institutions and Organizations*. CA: Thousand Oaks, Sage, 1995.

[215] Shane, S. A., Venkataraman, S. The promise of entrepreneurship as a field of research. *Academy of Management Review*, 2000, 25 (1): 217 - 226.

[216] Sheremata, W. A. Centrifugal and centripetal forces in radical new product development under time pressure. Academy of, 2000.

[217] Shirokova, G., Shatalov, A. Factors of new ventures performance in Russia. *Proceedings of Academy of Innovation and Entrepreneurship*. Edited by Guisheng Wu, Jian Gao, Xudong Gao, and Wei Xie. Intellectual Property Publishing House. 2008.

[218] Slevin, D. P., Terjesen, S. A. Entrepreneurial orientation: Reviewing three papers and implications for further theoretical and methodological development. *Entrepreneurship Theory and Practice*, 2011, 35 (5): 973 - 987.

[219] Siegel, P. A., Hambrick, D. Business strategy and the social psychology of top management teams. In Baum, J. A. C. and Dutton, J. E. (Eds.), *Advances in Strategic Management*, 13: 323 - 361. Greenwich, CT: JAI Press, 1996.

[220] Simsek, Z., Heavey, C., Veiga, J. F., Souder, D. A typology for aligning organizational ambidexterity's conceptualizations, antecedents, and outcomes. *Journal of Management Studies*, 2009, 46 (5): 864-894.

[221] Smith, W. K., Tushman, M. L. Managing strategic contradictions: A top management model for managing innovation streams. *Organization Science*, 2005, 16 (5): 522-536.

[222] Sinkula, J. M., Baker, W. E., Noordewier, T. A framework for market-based organizational learning: Linking values, knowledge, and behavior. *Journal of Academy of Marketing Science*, 1997, 25 (4): 305-318.

[223] Stetz, P., Howell, R., Stewart, A., Blair, J., Fottler, M. Multidimensionality of entrepreneurial firm-level process: Do the dimensions covary?. *In Frontiers of Entrepreneurship Research*. MA: Wellesley, Babson College, 2000.

[224] Stevenson, H., Jarillo-Mossi, C. J. A paradigm of entrepreneurship: Entrepreneurial management. *Strategic Management Journal*, 1990, 11 (1): 17-27.

[225] Subramaniam, M., Youndt, M. A. The influence of intellectual capital on the nature of innovative capabilities. *Academy of Management Journal*. 2005, 48 (3): 450-463.

[226] Swart, J., Kinnie, N. Organizational learning, knowledge assets and HR practice in professional service firms. *Human Resource Management Journal*, 2010, 20 (1): 64-79.

[227] Synectics. *Succeeding at innovation: Report on creativity and innovation in U. S. Corporate*. Boston: Synectics, 1993.

[228] Tan, J., Tan, D. Environment-strategy co-evolution and co-alignment: A staged model of Chinese SOEs under transition. *Strategic Management Journal*. 2005, 26 (2): 141-157.

[229] Tang, Z., Tang, J. T. Entrypreneurial orientation and SME performance in China's changing environment: The moderating effects of strate-

gies. *Asia Pacific Journal of Management*, 2012, 29 (1): 409 - 431.

[230] Tang, J. T., Tang, Z., Marino, L., Zhang, Y. L., Li, Q. W. Exploring an inverted U-shape relationship between entrepreneurial orientation and performance in Chinese new ventures. *Entrepreneurship Theory and Practice*, 2008, 32 (1): 219 - 239.

[231] Tang, J. T., Tang, Z., Marino, L., Zhang, Y. L., Li, Q. W. An investigation of entrepreneurial orientation and organizational strategies in Chinese SMEs. *World Review of Entrepreneurship, Management and Sustainable Development*, 2010, 6 (3): 206 - 223.

[232] Tang, J. T., Tang, Z., Zhang, Y. L., Li, Q. W. The impact of entrepreneurial orientation and ownership type on firm performance in emerging region of China. *Journal of Developmental Entrepreneurship*, 2007, 12 (4): 383 - 397.

[233] Teece, D. Explicating dynamic capabilities: The nature and microfoundations of sustainable enterprise performance. *Strategic Management Journal*, 2007, 28 (13): 1319 - 1350.

[234] Teece, D., Pisano, G., Shuen, A. Dynamic capabilities and strategic management, *Strategic Management Journal*, 1997, 18 (7): 509 - 533.

[235] Teresko, J. Managing innovation for 150 years. *Industry Week*, 1997, December 15.

[236] Tierney, P., Farmer, S. M., Graen, G. B. An examination of leadership and employee creativity: The relevance of traits and relationships. *Personnel Psychology*, 1999, 52 (3): 591 - 620.

[237] Timmons J. *New venture creation: Entrepreneurship for the 21th century (5th edition)*. Irwin Mcgram-Hill, 1999.

[238] Tripsas, M., Gavetti, G. Capabilities, cognition, and inertia: Evidence from digital imaging. *Strategic Management Journal*, 2000, 21 (10/11): 1147 - 1161.

[239] Tsai, W., Ghoshal S. Social capital and value creation: The role of

intrafirm networks. *Academy of management Journal*, 1998, 41 (4): 464 - 476.

[240] Tushman, M. L., O'Reilly III, C. A. Ambidextrous organizations: Managing evolutionary and revolutionary change. *California Management Review*, 1996, 38 (4): 8 - 30.

[241] Tushman, M. L., O'Reilly III, C. A. Exploitation, exploration, and process management: The productivity dilemma revisited. *Health Forum Journal*, 1999, 28 (2): 238 - 256.

[242] Ulrich, D. A new mandate for human resources. *Harvard Business Review*, 1998, 76 (1): 124 - 134.

[243] Ulrich, D., Brockbank, W., Yeung, A., Lake, D. Human resource competencies and empirical assessment. *Human Resources Management*, 1995, 34 (4): 473 - 496.

[244] Venkatesh, S. Proactive and reactive product line strategies: asymmetries between market leaders and followers. *Management Science*, 2006, 52 (2): 272 - 292.

[245] Venkatraman, N. Strategic orientation of business enterprises: The construct, dimensionality, and measurement. *Management Science*, 1989, 35 (8): 942 - 962.

[246] Venkatraman, N. The concept of fit in strategy research: Toward verbal and statistical correspondence. *Academy of Management Review*, 1989, 14 (3): 423 - 444.

[247] Wageman, R., Hackman, J. R., Lehman, E. V. The team diagnostic survey: Development of an instrument. *Journal of Applied Psychology*, 2005, 78 (1): 98 - 104.

[248] Wales, W. J., Monsen, E., McKelvie, A. The Organizational pervasiveness of entrepreneurial orientation. *Entrepreneurship Theory and Practice*, 2011, 35 (5): 895 - 923.

[249] Wiklund, J. The sustainability of the entrepreneurial orientation

performance relationship. *Entrepreneurship Theory and Practice*, 1999, 24 (1): 37 – 48.

[250] Wiklund, J., Shepherd, D. Knowledge-based resources, entrepreneurial orientation, and the performance of small & medium-sized business. *Strategic Management Journal*, 2003, 24 (13): 1307 – 1314.

[251] Wiklund, J., Shepherd, D. Where to from here: EO-as-experimentation, failure and distribution of outcomes. *Entrepreneurship Theory and Practice*, 2011, 35 (5): 555 – 571.

[252] Wright, P. M., Dunford, B. B, Snell, S. A. Human resources and the resource based view of the firm. *Journal of Management*, 2001, 27 (6): 701 – 721.

[253] Wright, P. M., Snell, S. A. Toward a unifying framework for exploring fit and flexibility in strategic human resource management. *Academy of Management Review*, 1998, 23 (4): 756 – 772.

[254] Yiu, D. W., Lau, C. M. Corporate entrepreneurship as resource capital configuration in emerging market firms. *Entrepreneurship Theory and Practice*, 2008, 32 (1): 37 – 57.

[255] Zahra, S. A. Predictors and financial outcomes of corporate entrepreneurship: An explorative study. *Journal of Business Venturing*, 1991, 6 (4): 259 – 285.

[256] Zahra, S. A. Governance, ownership and corporate entrepreneurship: The moderating impact of industry technological opportunities. *Academy of Management Journal*, 1996, 39 (6): 1713 – 1735.

[257] Zahra, S. A., Covin, J. Business strategy, technology policy and firm performance. *Strategic Management Journal*, 1993, 44 (6): 451 – 478.

[258] Zahra, S. A., Garvis D. International corporate entrepreneurship and firm performance: The moderating effect of international environmental hostility. *Journal of Business Venturing*, 2000, 15 (4/5): 469 – 492.

[259] Zahra, S. A., George, G. Absorptive capacity: A review, recon-

ceptualization, and extension. *Academy of Management Review*, 2002, 27 (2): 185-203.

[260] Zahra, S. A., Sapienza, H. J., Davidson, P. Entrepreneurship and dynamic capabilities: A review, model and research agenda. *Journal of Management Studies*, 2006, 43 (4): 917-955.

[261] Zhang, Y. L., Li, Q. W. How does entrepreneurial activity affect organizational performance in China's private enterprises? *The Chinese Economy*, 2007, 40 (6): 24-48.

中文部分

[262] 蔡莉、朱秀梅、刘预:《创业导向对新企业资源获取的影响研究》,载于《科学学研究》2011 年第 4 期。

[263] 陈寒松:《创业管理的范式研究——创业管理与一般管理的差异与融合视角》,经济科学出版社 2008 年版。

[264] 陈晓萍、徐淑英、樊景立:《组织与管理研究的实证方法》,北京大学出版社 2008 年版。

[265] 陈忠卫:《创业团队企业家精神的动态性研究》,人民出版社 2007 年版。

[266] 戴维奇:《网络嵌入、公司创业与集群企业绩效》,经济科学出版社 2012 年版。

[267] 丁楠:《高管团队社会网络、运作过程与绩效间关系研究》,江苏大学博士论文,2010 年。

[268] 杜群阳、朱剑光、倪春平、李松鹤:《国际化企业创业导向:基于二维分析框架的理论与实证研究》,载于《中国工业经济》2010 年第 9 期。

[269] 高展军:《企业间社会资本、战略导向对技术创新的影响研究》,经济科学出版社 2010 年版。

[270] 郭海、薛佳奇:《领导权变更、创业导向及自主创新间关系的实证研究》,载于《管理学报》2011 年第 2 期。

［271］郭晓丹：《基于机会异质性的创业机会识别模型修正》，东北大学出版社 2010 年版。

［272］亨利·傅博达著，项国鹏译：《创建柔性企业——如何保持竞争优势》，人民邮电出版社 2005 年版。

［273］亨利·明茨伯格、布鲁斯·阿尔斯特兰德、约瑟夫·兰佩尔著，刘瑞红、徐佳宾、郭武文译：《战略历程：纵览战略管理学派》，机械工业出版社 2002 年版。

［274］胡望斌、张玉利、杨俊：《基于能力视角的新企业创业导向与绩效转化问题探讨》，载于《外国经济与管理》2010 年第 2 期。

［275］胡望斌、张玉利：《新企业创业导向转化为绩效的新企业能力：理论模型与中国实证研究》，载于《南开管理评论》2011 年第 1 期。

［276］蒋春燕：《高管团队要素对公司企业家精神的影响机制研究——基于长三角民营中小高科技企业的实证研究》，载于《南开管理评论》2011 年第 3 期。

［277］蒋春燕、赵曙明：《社会资本和公司企业家精神与绩效的关系：组织学习的中介作用——江苏与广东新兴企业的实证研究》，载于《管理世界》2006 年第 10 期。

［278］焦豪、魏江、崔瑜：《企业动态能力构建路径分析：基于创业导向和组织学习的视角》，载于《管理世界》2008 年第 4 期。

［279］肯·史密斯、迈克尔·希特主编，徐飞、路琳译：《管理学中的伟大思想——经典理论的开发历程》，北京大学出版社 2010 年版。

［280］李华晶、张玉利：《高管团队特征与企业创新关系的实证研究 - 以科技型中小企业为例》，载于《商业经济与管理》2006 年第 5 期。

［281］李平、曹仰锋主编：《案例研究方法：理论与范例——凯瑟琳·艾森哈特论文集》，北京大学出版社 2012 年版。

［282］李乾文：《公司创业活动与绩效关系测度体系评介》，载于《外国经济与管理》2005 年第 2 期。

［283］李乾文：《公司创业导向的差异分析》，载于《科学学研究》，2007 年第 4 期。

[284] 李乾文、张玉利：《内部创业环境中介效应的理论与实证研究》，载于《研究与发展管理》2009 年第 1 期。

[285] 李乾文、赵曙明：《立足创新的人力资源管理实践模式比较》，载于《中国人力资源开发》2009 年第 2 期。

[286] 李乾文、赵曙明：《企业创新战略、人力资源管理与绩效关系探析》，载于《外国经济与管理》2008 年第 4 期。

[287] 李乾文、赵曙明、蒋春燕：《TMT 社会网络、公司创业与企业绩效关系研究》，载于《财贸研究》2012 年第 3 期。

[288] 李剑力：《探索性创新、开发性创新与企业绩效关系研究》，经济管理出版社 2010 年版。

[289] 李雪灵、马文杰、刘钊、董保宝：《合法性视角下的创业导向与企业成长：基于中国新企业的实证检验》，载于《中国工业经济》2011 年第 8 期。

[290] 李雪灵、姚一玮、王利军：《新企业创业导向与创新绩效关系研究：积极型市场导向的中介作用》，载于《中国工业经济》2011 年第 8 期。

[291] 李作战：《企业社会资本、创业导向和创业绩效关系研究——基于科技型中小企业的创业》，中国社会科学出版社 2011 年版。

[292] 林士渊：《创业型外资企业高管团队领导模式与效能机制研究》，浙江大学博士论文，2007 年。

[293] 林嵩：《创业战略：概念、模式与绩效提升》，中国财政经济出版社 2007 年版。

[294] 刘帮成、王重鸣：《跨国创业导向与创新能力关系研究：基于知识的视角》，载于《科学学与科学技术管理》2007 年第 1 期。

[295] 刘景江、陈璐：《创业导向、学习模式与新产品开发绩效关系研究》，载于《浙江大学学报（人文社会科学报）》2011 年第 6 期。

[296] 刘益、李垣、汪应洛：《柔性战略的理论、分析方法及其应用》，中国人民大学出版社 2005 年版。

[297] 马鸿佳、董保宝、葛宝山、罗德尼·若宁：《创业导向、小企业导向与企业绩效关系研究》，载于《管理世界》2009 年第 9 期。

[298] 迈克尔·H. 莫里斯、唐纳德·F. 库拉特科著，杨燕绥等译：《公司创业——组织内创业发展》，清华大学出版社2005年版。

[299] 苗莉：《创业视角的企业持续成长问题研究》，东北大学出版社2007年版。

[300] 任兵、张婧婷：《创业导向、家族资源池和体制环境下的家族企业创业绩效研究——以大午农牧集团有限公司为例》，载于《中大管理评论》2011年第6期。

[301] 盛南、王重鸣：《社会创业导向构思的探索性案例研究》，载于《管理世界》2008年第8期。

[302] 苏晓华、王平：《创业导向及合法性对新创企业绩效影响研究——基于产业生命周期的调节作用》，载于《科学学与科学技术管理》2011年第2期。

[303] 田新民：《柔性人力资源管理研究——战略人力资源管理研究的新视角》，上海交通大学出版社2007年版。

[304] 万伦来、达庆利：《企业柔性的本质及其构建策略》，载于《管理科学学报》2003年第6期。

[305] 王国顺、杨帆：《创业导向、网络能力对国际化绩效的影响研究》，载于《科研管理》2011年第10期。

[306] 王永贵：《战略柔性与企业高成长》，南开大学出版社2003年版。

[307] 魏江、戴维奇、林巧：《公司创业研究领域两个关键构念——创业导向与公司创业》，载于《外国经济与管理》2009年第1期。

[308] 辛冲：《组织创新对技术创新的作用机理——基于个体、群体和组织的多层次研究》，经济科学出版社2010年版。

[309] 谢卫红、蓝海林、蒋峦：《组织柔性化管理理论综述》，载于《经济学动态》2003年第11期。

[310] 徐璐：《创业型企业组织服务导向及其对绩效的作用机制研究》，浙江大学出版社2011年版。

[311] 薛红志：《创业导向、战略模式与组织绩效关系研究》，载于

《经济理论与经济管理》2006 年第 3 期。

[312] 严进：《创业导向与绩效之间关系的机制研究》，载于《经济论坛》2007 年第 16 期。

[313] 姚先国、温伟祥、任洲麒：《企业集群环境下的公司创业研究——网络资源与创业导向对集群企业绩效的影响》，载于《中国工业经济》2008 年第 3 期。

[314] 易朝辉、夏清华：《创业导向与大学衍生企业绩效关系研究——基于学术型创业者资源支持的视角》，载于《科学学研究》2011 年第 5 期。

[315] 伊志宏等著：《中国企业创新能力研究》，中国人民大学出版社 2008 年版。

[316] 袁勇志：《企业创新与企业二元组织结构》，载于《南京农业大学学报（社会科学版）》2001 年第 1 期。

[317] 张钢、任燕：《关系嵌入对创业导向的影响研究——基于组织学习的视角》，载于《科技进步与决策》2011 年第 19 期。

[318] 张慧：《跨国公司在华子公司创业导向研究》，经济科学出版社 2010 年版。

[319] 张洪石、陈劲：《突破性创新的组织模式研究》，载于《科学学研究》2005 年第 8 期。

[320] 张洪石：《突破性创新动因与组织模式研究》，浙江大学博士论文，2005 年。

[321] 张宏云：《创业导向构念测量研究前沿探析与未来研究建议——基于反映型和构成型模型》，载于《外国经济与管理》2012 年第 6 期。

[322] 张宏云、杨乃定、郭雯：《创业导向量表发展综述》，载于《研究与发展管理》2011 年第 2 期。

[323] 张炜、王重鸣：《技术创业企业成长机制研究》，科学出版社 2009 年版。

[324] 张映红：《动态环境对公司创业战略与绩效关系的调节效应研究》，载于《中国工业经济》2008 年第 1 期。

[325] 张玉利、李乾文：《公司创业活动与组织绩效——基于中国成长

期私营企业的实证研究》，载于《科研管理》2005 年增刊。

［326］张玉利、李乾文：《双元型组织研究评介》，载于《外国经济与管理》2006 年第 1 期。

［327］张玉利、李乾文：《公司创业导向、双元能力与组织绩效》，载于《管理科学学报》2009 年第 1 期。

［328］张玉利、李乾文：《创业导向、公司创业与价值创造》，南开大学出版社 2009 年版。

［329］赵曙明：《我国管理者职业化胜任素质研究》，北京大学出版社 2008 年版。

［330］赵文红、李垣：《企业家导向与创新选择：企业能力的中介作用》，载于《科学学研究》2008 年第 2 期。

［331］周京、克里斯蒂娜·E. 莎莉主编，魏昕、陈云云、王莎莎、张航、周加佳译：《组织创造力研究全书》，北京大学出版社 2010 年版。

［332］周三多、陈传明：《维持与创新——管理行为透视》，载于《南京大学学报》1989 年第 6 期。

后　记

与我的博士生导师，南开大学商学院院长张玉利教授合作的专著《创业导向、公司创业与价值创造》（南开大学出版社，2009 年）出版后，我就一直酝酿着将自己近几年对创业导向和双元能力的后续研究所得所思整理出版。

本人于 2008 年和 2009 年分别在此领域获得了教育部人文社科研究项目（08JC630046）“基于创业导向战略的企业 SHRM 匹配与绩效关系研究”，国家自然科学基金（70972145）“基于双元能力构建的公司创业导向与组织绩效转化路径研究”，以及全国博士后项目一等资助等，在获得省部级项目和经费支持的同时，也伴随着研究的快乐与痛苦。快乐来自于在众多的研究领域中，在国内著名创业研究学者张玉利教授的指导下，终于发掘出一个能够长期为之奋斗的研究方向；痛苦来自于好的研究方向需要长期艰苦的科研积累，对所得所思屡觉尚浅深感不安。本书的出版只能说是对于公司创业导向和双元能力研究领域阶段性的理解，未来还有许多工作需要做。

感谢张玉利教授在研究方向和研究进展上一直以来的帮助，他对国内创业研究的推动不遗余力，近几年又做了许多可谓业内“公共物品”的事情，与国内创业研究的著名基地：浙江大学、中山大学等共同创办了暑期青年学者研讨会（研究训练夏令营），已成功举办两届，本人参与其中也受益匪浅；邀请了美国创业研究的著名领军人物谢恩（Shane）来南开大学讲学，也向国内学者敞开大门；与机械工业出版社合作的《创业管理》教学研讨会效果良好，吸引了众多院校的参与。张玉利教授还专门到我的工作单位——南京审计学院讲学，并欣然受聘为学校的创业教育顾问。

感谢南京大学商学院名誉院长赵曙明教授在博士后期间提供的众多研究和实践机会，对于南京菲尼克斯电气和江苏双登集团的调研项目加深了对公司创业成长和高管团队创新思维的理解。特别感谢南京菲尼克斯顾建党总裁、江苏双登集团杨善基董事长和营销总监周平博士提供的调研机会。赵曙明教授站在国际视野，与美国密苏里-圣路易斯大学、日本涩泽荣一财团的学术朋友一道策划了非常有意义的三国三地2009“中日美企业家精神国际研讨会”，本人随赵曙明教授一同先后在日本东京、江苏南通和美国圣路易斯出席国际研讨会，发表论文，并与公司创业研究的著名学者赞赫（Zahra）沟通交流。

感谢在研究过程中同行学者提供的研究思路与启示，南开大学创业研究团队的陈忠卫、陈寒松、杨俊、薛红志、李政、任兵、张仁江、田莉、胡望斌、牛芳、杨晓非、王伟毅等提供的细致帮助，感谢南京大学陈传明教授、刘洪教授、彭纪生教授、杨东涛教授、张正堂教授、蒋春燕教授、刘海建博士等提供的无私帮助，感谢中国科学技术大学方世建教授、南京理工大学周小虎教授、浙江大学魏江教授、中国社科院黄群慧研究员、河北经贸大学杨淑君教授、南京财经大学常建坤教授、大连理工大学潘安成博士等提供的研究思路与研讨机会。

同时，感谢南京审计学院提供的科研经费与政策支持，也以此献给明年将要到来的建校30周年。感谢研究团队刘卫国博士、黄海艳博士、肖久灵博士、王天营教授等付出的努力，也感谢张福利教授、李昆博士、陈效林博士、王军伟博士、黄永春博士、谢延浩博士、顾远东博士、徐礼伯博士、周英博士、苏德金博士等在每周博士论坛中的宝贵意见。感谢该项目的美国合作方——美国圣路易斯大学汤津彤（Tang Jin Tong）博士，与她合作的英文论文先后在《创业理论与实践（ETP）》等重要杂志上发表，我从她对项目的建议中受益匪浅。

感谢经济科学出版社李雪编辑的帮助与细致工作。

最后，特别感谢爱人姜琳琳女士对于本人事业的巨大支持，在辛勤工作之余承担了大量的家务劳动，使得家里总感温暖，女儿李怡萱的乖巧懂事也成为我继续在此领域前行的动力，也谨以此书献给她们。

李乾文

2012 年 11 月